JN224678

こどもの心に響く

私たちの

とっておきの話 100

小木曽 弘尚
（くろぺん）編著

東洋館出版社

はじめに
あなたも「とっておきの話クリエイター」になれる！

　みなさん、本書を手に取ってくださってありがとうございます。はじめまして。『くろぺん』こと、小木曽弘尚（おぎそ・ひろなお）です。私が教職大学院生だった頃から10年以上積み重ねてきた「とっておきの話」づくりの実践は、現在600話に達しようとしています。拙著『こどもの心に響く　とっておきの話100』（東洋館出版社、2023年3月出版）は、まだ450話という段階で「とっておきの話」を100話厳選してまとめた本でした。この実践は可能性が無限大です。コツさえつかめばいくらでも創ることができます。しかし、語りは引き出しの多さといった量だけでなく、目の前の子どもたちの心に響くかどうかといった質も重要です。だからこそ、「とっておきの話」づくりの実践は、お互いに切磋琢磨できる「とっておきの話クリエイター」仲間が必要不可欠であると言えます。私は拙著の中で、次のような夢を綴っていました。

> いつの日か、全国各地でお互いのとっておきの話を交流し合うようなコミュニティが先生方の間でできる未来が訪れることを楽しみにしています。私もそのコミュニティにいたい仲間の一人です。
> あなたのとっておきが、みんなのとっておきになりますように。
> 　　　　　　　　『こどもの心に響く　とっておきの話100』p.226から引用

　この度、この夢が叶うこととなりました。
　全国各地から集った「とっておきの話クリエイター」仲間のコミュニティの企画を通して、拙著の共著版となる本書の出版は実現しました。ここには9名の「とっておきの話クリエイター」仲間の先生方が集結しています。さらに、摂南大学の西村晃一助教にも、終章にて理論編をご寄稿いただきました。私を含め、11人の侍で綴る新たな「とっておきの話」の世界を、本書を通してご堪能ください。あなたもきっとなれるはず。「とっておきの話クリエイター」に。

　　　　　　　　　　　　　　　　　　　　　　　　小木曽弘尚（くろぺん）

目次

『とっておきの話』の考え方

「とっておきの話」とは、たった5分の心温まる道徳的な小話であり、教師の一方的な語りによる説話とは違う、教師の語りと子どもの思考が織り成す双方向性の「説話」と言えます。

教師が意図をもってまとまった話をし、自ら語ることによって、教師の人間性が表れ、次の3つの教育的効果をもたらすことができます。

> (1) 子どもがねらいの根底にある道徳的価値をより身近に考えられる。
>
> (2) 子どもが思考を一層深めたり、考えを整理したりする。
>
> (3) 子どもとの信頼関係が増す。

「とっておきの話」は、教師が次の5つの力を意識して鍛えていくことで誰でもできる教育実践です。

> ①【探す力】　説話の素材を探し出す力
>
> ②【創る力】　素材を使って説話を創る力
>
> ③【見せる力】説話中の素材の見せ方を工夫する力
>
> ④【話す力】　説話中の話し方を工夫する力
>
> ⑤【つなぐ力】説話後に別の活動や媒体と関連させる力

（『こどもの心に響く　とっておきの話100』p6, 7から引用）

誰かが決めた「いい話」ではなく、あなたが熱をもって語る「とっておきの話」こそ、目の前の子どもたちの心に響きます。ここで紹介されている「とっておきの話」も、誰かが決めた「いい話」ではなく、その先生ならではの「とっておきの話」なのです。そこには語り手である先生の語り観や学級経営観、さらにはその人の人間性や境遇まで反映されています。こうした熱い気持ちは、必ず目の前の子どもたちの心に響きます。読者のみなさんも「いい話」ではなく、「とっておきの話」を探してみてください。「自分が目の前にしている子どもたちの前で話すなら…」という視点で読むと「とっておきの話」の世界が広がります。

『とっておきの話』の使い方

　本書は、私とは別に9名の「とっておきの話クリエイター」によって合わせて100話分の「とっておきの話」を掲載しています。それぞれの先生方が創った「とっておきの話」11話分を順に読んでいくことで、次のように1年間を通じて話せるようになっています。

4月	5月	6月	7月	9月	10月	11月	12月	1月	2月	3月
1学期の語り				2学期の語り				3学期の語り		

　各章の「とっておきの話」11話分の原稿ページ冒頭には、その先生のプロフィールや語り観、学級経営観が書かれたページがあります。「何を話すか以上に、誰が話すか」が重要だからです。どんな境遇の、どんな観をもった先生が創った「とっておきの話」なのか、事前に把握した上で「とっておきの話」の原稿を読んでみてください。さらに、それぞれの先生方が創った「とっておきの話」について、私の解説ページも章末に載せています。どの章から読んでいただいても構いませんが、章内の始めから終わりまで通して読むことで、1年間を通じて「自分だったらどう話すか」が見えてくるはずです。

　終章では、「とっておきの話」の理論編という立ち位置から、摂南大学の西村晃一助教にご寄稿いただいています。実践集にとどまらず、理論と実践の往還を意識した本を目指しています。これまで理論的な裏付けが十分でなかった「とっておきの話」実践を、よりアカデミックな視点から見つめ直す機会となり、さらに「自分だったらどう話すか」が見えてくるはずです。

　まずは次の索引ページから、読者のあなたが気になる「とっておきの話」の見開きページを読んでみてください。お話の原稿だけでなく、創る上でそれぞれの先生方がこだわったことが書いてあります。その上で、前後のページを行き来してみてください。「どんな先生がその話を創ったのか」や「前月や翌月はどんな話をするのか」を知ることができます。

索引ページ　月ごとの『とっておきの話』

　こちらの索引ページから、毎月あなたの『とっておきの話』を選び取って語ることで、あなただけの1年間の『とっておきの話』の軌跡をたどることができるようになっています。オーダーメイドの『とっておきの話』集の完成です。点ではなく線で語ってみてください。

　次ページの「とっておきの話」1「先生の話って、何の時間？」は、1年間のうち、どの時期でも話せます。子どもたちが先生の話を聴いている様子を見て、ここぞというときにご活用ください。さて、まずはどのお話から読んでみますか？

1

先生の話って、何の時間?

素材 オリジナル

ポイント どんな先生の話も、自分事として聴く子に育ってほしい。そんな願いを込めて、日頃子どもたちがあまり意識していない先生の話の回数に焦点を当て、自分事として聴くための3つの心構えを1つの話にしました。

板書》「72回」

何の数字だかわかる人? **指名》** これは、小学校・中学校・高校の12年間で、みなさんが毎年の学期始めと終わりにそれぞれ3回耳にする校長先生の話の回数です。始業式にも修了式にも、校長先生の話の時間は必ずありますよね。

板書》「7200回」

先ほどの100倍の数です。何の数字だかわかる人? **指名》** これは、担任の先生の話の回数です。朝の会や帰りの会、時には「今から大事な話をします」と言って始まる話もあるでしょう。一日3回話があるとすると、1年間の学校生活は200日なので、かけ算して600回。小学校・中学校・高校の12年間で、7200回にもなります。これってものすごい数ですよね。

板書》「　　回」(子どもたちの学年に合わせて回数を変更する)

今みなさんは小学〇年生なので、ざっと計算すると　　回も担任の先生の話を聞いてきたわけです。その中で、覚えている先生の話がある人は手を挙げてください。**挙手》** あれ、あまり手が挙がりませんね。こんなに話を聞いてきたのに?

でも大丈夫。覚えていなくて当たり前なのです。なぜなら、先生の話は覚えるものではなく、次の3つでこたえる時間だからです。

提示》

① こころでこたえる　気付き
② あたまでこたえる　考え
③ すがたでこたえる　行動する

1つ目は、こころです。「先生の話から新しくこんなことに気づいた」「先生は私たちに何を伝えようとしているのか気づいた」。そんな気付きをたくさん心の中でこたえられる人になりましょう。

　2つ目は、あたまです。「先生の話から自分はこんなことを考えた」「自分だったらこうしたいと考えた」。そんな自分の考えをたくさん頭の中でこたえられる人になりましょう。

　3つ目は、すがたです。「先生の話から、自分はこんなことをしてみました」「自分はこんなことをやってみます」。実際に行動する姿をたくさん見せて、まわりの人たちからの期待にこたえられる人になりましょう。

　先生の話はいつか忘れて当たり前。でも忘れる前に、自分なりにこの3つでこたえて、先生の話を自分の話に変えられる人になってください。

板書 》》「先生の話➡自分の話」

　自分の話なら、ずっと覚えていますよね。それはいつでも自分で答え合わせができるからです。こころと、あたまと、すがたでね。そんな人はこれからもきっと自分だけの「とっておきの話」に出合えるはずです。すると、先生の話がより楽しみになっていきますよ。さて、今日の先生の話の時間は、こころとあたまとすがたの3つでこたえられそうですか？

このお話に込めた「とっておきの話クリエイター」としてのこだわり

　子どもたちの目の前に立つのは自分だけではありません。今までも様々な先生たちが立ってきたし、これからも様々な先生が立つのです。そうしてたくさんの先生が代わる代わる立ち、行ってきた「先生の話」そのものをテーマにした語りをしたいと思い、このお話を創りました。どの学年でも、どの時期でも話せるプラットフォーム的なお話です。

　　　　　　　　　　　　　　　　　　　　　　　　小木曽弘尚（くろぺん）

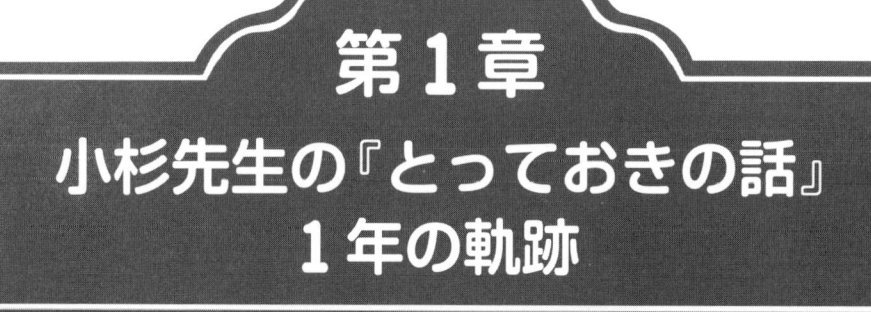

第1章
小杉先生の『とっておきの話』
1年の軌跡

私と『とっておきの話』　～小杉先生の語り観～

くろぺん先生の『とっておきの話』と出合い、教師の役割として「語り」があることを知りました。そして、自分自身も『とっておきの話』を生み出し、子どもたちに語れるようになりたいと思うようになりました。ものの見方に正解はなく、同じものでもポジティブな視点で見ることもできればネガティブな視点で見ることもできます。教師の感じ方は星の数ほどある価値観の一つに過ぎません。自分の語りが子どもたちが幸せに生きるためのヒントになると嬉しいな、と思っています。

私が学級経営で大切にしていること　～線で語る視点から～

『とっておきの話』を創る中で、私の伝えたいメッセージは大きく3つだということがわかりました。人が100人いれば100通りのものの見方があり、それぞれが尊重されるべき大切なものであること、物事の見え方は一つではなく、見る視点を変えると別の解釈ができること、一見難しく見えることでも始まりは実は簡単であることが多いこと。

学校で出会う子どもたちには、幸せになってほしいといつも願っています。では、子どもたち自身の幸せとは何でしょう。これまでいろいろな本を読んだり人と対話したりする中で私が大切にしているのは、「自分の幸せを決めるのは自分自身」という言葉です。勉強ができなくても幸せに感じる子もいれば、友達がたくさんいても幸せを感じない子もいます。親が良かれと思って与えた環境が、子どもにとっては地獄のようであった、またはその反

対だという話はよくある話です。価値観は人それぞれであり、それはどんなに小さな子どもであっても例外ではありません。学校ではたくさんの子どもたちが一日6時間以上同じ場所で過ごします。当然、価値観の違いから衝突することもあります。だからこそ、お互いにどんな考え方をしているかを知ることのできる活動を大切にしています。

　また、それと同じくらいに自分が自分自身のどんな姿も受け入れることを大切にしています。自分の声に耳を傾け、自分を受容できるからこそ、相手のことを受容しようとする心が生まれると思うのです。一つの物事からより多くのことを感じ、選択肢を増やし、可能性を広げることで、少しでも子どもたちが幸せだと思える人生が送れるよう、これからも目の前の子どもたちを応援したいと思います。

私の『とっておきの話』　1年の軌跡

自然の美しさに目を向ける

富山の本気

[素材] ジャポニカ学習帳「富山の本気百科シリーズ」

[ポイント] 身の回りには、その季節しか見ることのできないものや感じることのできない音、匂い等があります。しかし、季節が限られているがゆえ、意識しないとあっという間にそれらを感じる機会を逃します。自然を擬人化し表現された「本気」というキーワードから、身の回りの自然に目を向けようとしたり、住んでいる地域の風景の美しさを思い起こしたりするきっかけになるお話です。

提示》》 ジャポニカ学習帳の写真

このノートには名前がついています。

板書》》 「富山の〇〇」

〇〇には何という言葉が入るでしょう？
「自然」でしょうか。「風景」でしょうか。いろいろな言葉が思い浮かびますね。
〇〇には、こんな言葉が入ります。

板書》》 「本気」

みなさんは、どんなときに「本気」を出しますか？ **指名》》**

ここぞというとき、数か月に1回や年に1回等、チャンスが限られているとき、練習を重ねてきた成果を出したいとき、自信を持っていることを発表するとき。それぞれに、「本気」を出したいときや本気を出さざるを得ないときがあることでしょう。
これらの写真の風景は、どれも年中いつでも見られるものではありません。
ある季節、期間限定なのです。自然を人に例えると、力を発揮できるのもそう

多くないチャンスだと思って存分に、それこそ本気で見せてくれているように見えますね。次に見られるのはいつだろう、と楽しみにすらなります。

　これらの風景は、何も観光地ばかりではなく、富山に住んでいれば自然と目に入る何気ない風景だったものもあります。写真になり、ノートの表紙にもなったことで注目されました。みなさんの身の回りにも、ある季節になると「本気」を出して輝いている風景がきっとありそうですね。

ジャポニカ学習帳　富山の本気百科シリーズ

5mm方眼罫 A（富山市・朝日町）

5mm方眼罫 B（射水市）

5mm方眼罫 C（高岡市）

5mm方眼罫 D（富山市）

5mm方眼罫 E（立山町・小矢部市）

5mm方眼罫 F（南砺市・砺波市）

このお話に込めた「とっておきの話クリエイター」としてのこだわり

　子どもたちもよく知っている有名なノートの表紙を取り上げることで、題材をより身近に感じられると思い、テーマに決めました。自然を人に置き換え、「運動会だから出せる自分の本気」「修学旅行だから出せる自分の本気」等、学校行事と関連させて話すのもよさそうです。子どもたちに声かけして行動を促すことで、全体を俯瞰したり細部に目を凝らしたりする姿勢が身につきます。

言葉でよりよい関係を築く

クッション言葉

素材 『できるよ！せいかつ366』（主婦の友社）

ポイント 5月18日は語呂合わせで「ことばの日」です。言葉について考え、言葉を正しく使おうとする気持ちを高めるのによい機会です。教育現場でよく使われる「ふわふわことば」「ちくちくことば」に「クッション言葉」を加え、ことで、感じのよい言葉でよりよい関係を築こうとする気持ちを育てます。

　例えばお店の人に話しかけるとき、私たちは「すみません」と言います。英語でも 'Excuse me.' と言います。自分の言いたいことをすぐに言えばよいのに、なぜこんなことを言うのでしょう。 指名 》》

　言葉の最初に付け加えることで、相手のことを考えているのが伝わってきますね。相手にとっても、自分の都合や気持ちを考えてくれると感じることができます。「すみません」と一言付け加えることで相手の気持ちをクッションのように柔らかくしたり、相手との間に衝突が起きないように言葉でクッションをつくったりするのです。

板書 》》「クッション言葉」

　クッション言葉は、どんなときに使うのでしょう。

〈お願いするとき〉
　・あのー、今いいかな。
　・悪いんだけど
　・忙しいのに、ごめんなさい
〈言いにくいことを言うとき〉
　・ちょっと、すみません
　・よーく考えたんだけど
　・言いにくいんだけど
〈断るとき〉
　・うれしいんだけど、今日は無理
　・残念、また誘ってね
　・明日ならどうかな

　どうでしょう。人と接する上で、どうしても言わなければならないけれども言いにくいことはよくあるものです。人にお願いする、相手にやめてほしいことを伝える、誘いを断る等はなかなか言いにくいですね。そのときは、このクッション言葉を使って、自分も相手も不満をためることなく、気持ちよく過ごしましょう。

このお話に込めた「とっておきの話クリエイター」としてのこだわり

　人間関係のトラブルの多くは、言葉のすれ違いだったり、解釈の違いだったりします。「もう一言あればここまで大きなトラブルにならなかったのに」と思うことも少なくありません。クッション言葉についての知識、それを使う技能を子どもたちに付けることで、子どもたち自身が安心して暮らせる環境をつくっていけるよう応援したいと考えています。

4

箱の形

[素材] アサヒビールの箱

[ポイント] 使い方によって中身の取り出し方が工夫できるようになっている箱。この箱を考えた社員さんたちの視点の広さがよくわかる例に触れ、あらゆる立場になって考えようとすることのよさについて考えます。

6月

[提示]》箱のイラスト1

　この箱の中の飲み物を①〜③のうち、みなさんならどこから取り出しますか。[指名]》

　そうですね。多くの人は、②のように手で開けやすいところを探して、取り出しますね。

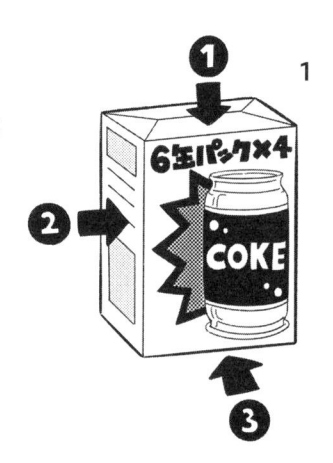

1

　この箱の裏側は、このようになっています。

[提示]》箱のイラスト2

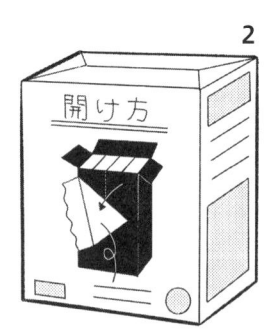

2

6缶パックをまとめて取り出したい人にはうれしい工夫です。この6缶パックの重さは2kg以上あるので、大きく口が開いている方が取り出しやすいです。

これは、同じ商品の別の箱です。

提示》箱のイラスト3、4

これは、どのように缶を取り出したい人にとってうれしい工夫といえるでしょうか。

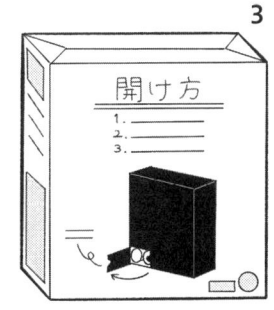

この飲み物は家の中だけで飲むものではありません。たくさんの人と外でバーベキューをする、お店で6缶パックのまま売るなど、様々な立場の人が様々な使い方をします。使う人が少しでも便利に、楽に、楽しく飲めるように工夫されています。

例えば「人に優しくしましょう」と言うときの「人」は、どんな人を思い浮かべますか。男ですか。女ですか。大人ですか。子どもですか。自分と似ていますか。それとも違いますか。相手によって自分のとるべき行動は少しずつ異なります。人に対して何か行動をするときに、このような想像を膨らませておくと、自分の思いがより相手に届きやすくなるのかもしれませんね。

このお話に込めた「とっておきの話クリエイター」としてのこだわり

「思いやり」の出発点は「相手のことを想像すること」。自分以外の様々な立場があることに子どもたちが気づくだけでも、この語りをする意義があるように思います。UD（ユニバーサルデザイン）は、まさにこの視点から生まれたものでしょう。

校内に貼る掲示物にふりがなをつけるのもUDの一つ。子どもたちが何気なくやっていることが、誰かの助けになっていることを価値づけたいものです。

5

はじめの一歩を後押しする

シンクロやろうぜ

素材 読売新聞（2014年5月12日の記事）

ポイント 「目立ちたい」「やってやる」という自分の気持ちを素直にキャッチし、進んだことが物事の大成につながったウォーターボーイズ OB の方の生き方から、自分の気持ちをキャッチすることが自己実現につながることを伝えます。

7月

板書》》「シンクロやろうぜ」

　これは、ある日男子高校生たちが話していた言葉です。シンクロというのは、今でいうアーティスティックスイミングのことで、それを言った人も、聞いていた人も「女の人がするもの」という考えでした。しかし、彼らは本当にシンクロをしてみせ、文化祭で発表し、見に来た人たちを驚かせました。

　この話は『ウォーターボーイズ』として大ヒット映画になり、日本アカデミー賞という大きな賞をとりました。

　その後、ウォーターボーイズたちは、次のものを世に出しました。

提示》》図鑑の写真と歯医者さんのイラスト

『小学館の図鑑 NEO シリーズ』

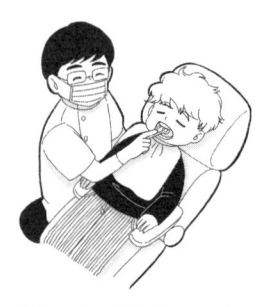

「親知らずを抜くのを
専門にした歯医者さん」

この2つには、共通点があります。それは何でしょう。この後の話にヒントがあります。

当時の部員だった北川さんは、卒業後、「新しいものを取り入れなければ意味がない」と思い、載ったことのない写真やイラストをたくさん入れて図鑑を作りました。それが『小学館の図鑑NEOシリーズ』です。

もう一人のウォーターボーイズ、畠山さんは部長だった頃、自分で電話をかけ、シンクロのことを報道番組で取り上げられました。「先駆者になろう」と思い、親知らずを抜くのを専門にした歯医者さんを開きました。2か月先まで予約が取れない人気の歯医者さんです。親知らずを抜くのは難しいですが、畠山さんは誰よりも上手なのだそうです。

さて、「ウォーターボーイズ」とこの「図鑑」「歯医者さん」の共通点は何でしょう。○○の中に入る言葉を考えてみてください。

板書 》》○○したい気持で作った
図鑑を作った北川さんは、取材でこのように話しておられます。
「あの日のシンクロと同じで、人を驚かせたい、楽しませたいという気持ちで取り組んでいる」

ワクワクする気持ち、やってやろうという気持ち、〜したいという気持ちはずっとあるわけではなく、湧いては消えていきます。自分がワクワクするもの、場所、ことに出会ったら素直にキャッチしませんか。そうすれば、自分の暮らしが今よりもより楽しいものになることでしょう。

このお話に込めた「とっておきの話クリエイター」としてのこだわり

どの人も、子どもの頃のある体験によって今の自分が形づくられている、と思う節があるのではないでしょうか。語り手自身の経験も、十分な教材になると言えます。自分がワクワクしたい、人がワクワクするのを見たい、という気持ちが、人を動かす原動力になっているように思います。

6

おはよう靴下

素材　テレビ番組

ポイント　自分の機嫌は自分でとることは、そうしたいと願っていてもなかなかできないものです。不可抗力で起こる日常のちょっとしたイライラを、視点を変えることによって解消するやり方を聞き手に提案します。

9月

提示 》穴が開いてしまった靴下のイラスト

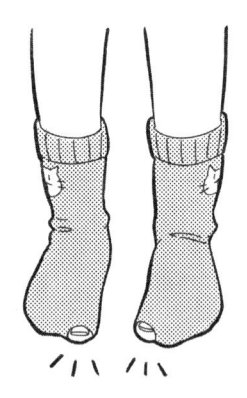

　履いているうちに穴が開いてしまった靴下に「〇〇靴下」と名前を付けるとしたら、どんな名前にしますか。

指名 》

　宮城県では、靴下に穴が開いた状態のことを「おはよう靴下」と言うそうです。

板書 》「おはようくつした」

　「おはよう靴下」と初めて聞いて、まさかそれが穴の開いた靴下のこととは思えないでしょう。

　開いた穴の部分だけを見れば、もう捨てるしかない「残念靴下」「くたくた靴下」と言えるのかもしれません。しかし、穴が開いて出てきた指に向かって言うように「おはよう靴下」と言うことで、残念な感じが全くしなくなりました。靴下に穴が開いた、残念だ、という点に注目するのか、穴が開いて指が見えている、面白いな、という点に注目するのか。同じ「靴下に穴が開いた」ということが、見方ひとつで一瞬で良いようにも悪いようにも感じます。

　「おはよう靴下」のように、ものの見方を少し変えてみると、嫌な気持ちが晴れるのが少し早くなるのかもしれませんね。

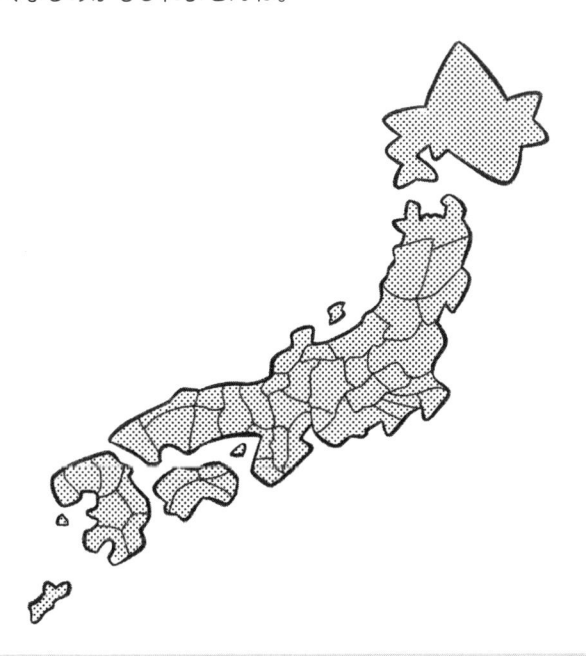

このお話に込めた「とっておきの話クリエイター」としてのこだわり

　全国の方言には、音の響き、由来、使う場面を知るにつれて温かい気持ちになるものが本当に多くあります。自分が普段使っている言葉が「共通語」であると思っている子どもたちにとって、他県で使われている言葉を知ることは、その土地の人の温かさを感じるきっかけになることと思います。

自分がゴールに向かうための助けとなるものを考える

スペシャルドリンク

（素材）マラソン選手に関する記事

（ポイント）毎日の生活のペースをつかみ、行事などの様々な活動も経験して安定して毎日を過ごしていく10月。特に2学期中は気候もよく、大きな学校行事があったり、学習内容が濃くなったりする等、息つく暇なく走り続けることも多いです。コンクールや大会、テスト勉強、受験等、ゴールへ向かって頑張る子への語りとしてもおすすめです。

（板書）»スペシャルドリンク

誰かの飲み物を指す言葉です。さて、誰でしょう。（指名）»

　これは、マラソン選手が5kmごとにある給水所に置くことのできる飲み物のことです。そこには大会で用意された飲み物もありますが、自分で用意したスペシャルドリンクを置くことができるそうです。

　では、スペシャルドリンクの中身とは何でしょう。ある選手は水、またある選手はスポーツドリンク、紅茶にはちみつを入れたものや炭酸が抜けた炭酸飲料を入れる選手もいるそうです。最初の方は水でうんと薄めたドリンクで、エネルギーが切れてくる後半には濃い目のドリンクにする、自分の好きな味や濃さのドリンクにする等、選手たちは42.195kmを一秒でも早く走り切るために、栄養や気もちのことを考えてドリンクを用意しています。

板書》》スペシャル〇〇

　今、力を入れてやっていること、日々やらなければならないことをマラソンに例えましょう。ゴールまでの時間や距離が長ければ長いほど、自分の体力や気力を持ち続けるのは難しくなります。そんなときに「これがあれば自分の調子が整う」「自分の機嫌がよくなる」「これをやっていると幸せ」という「スペシャル〇〇」は、ゴールへ向かうための武器になり、自分を守る盾になります。そして、また走り出すときのエネルギーになります。武器も盾も一つでも種類が多い方がいいです。なぜなら、その時で使い分けられるからです。

　あなたのスペシャル〇〇は何ですか？

活動》》スペシャル〇〇を書き出す

　例　スペシャルドリンク・・・
　　　スペシャルタイム・・・本を読む、推しのアイドルの動画を観る
　　　スペシャル遊び・・・みんなで氷おにをする、オセロをする
　　　スペシャルフード・・・ハンバーグ、チョコレート

　長く走るときには途中に「スペシャル〇〇」を入れて、自分の目指すゴールに向かってください。応援しています。

このお話に込めた「とっておきの話クリエイター」としてのこだわり

　自分がゴールまで走り続けるために栄養になるもの、気分の上がるものって何だろう、ということを考えるだけでもわくわくします。ゴールに向かって走り続けるという点で共通するマラソン選手の話をもとに、自分の「好き」を知って自分の調子を整えることのよさを伝えたいものです。

8

自律する心を育む

アリとキリギリス

素材 イソップ物語

ポイント 子どもたちのよく知っている『アリとキリギリス』を通して、そのときの気分だけではなく自分のやるべきことに向き合いながら最良の選択をしようとしているか、先のことを考えて行動できているかを、子どもたちにとって身近な童話を通して考えます。

みなさんは、『アリとキリギリス』のお話を知っていますか。

説明 》〈アリとキリギリスのあらすじ〉

　夏の間、アリがエサを集めるのを見てキリギリスは驚きました。冬になって食べ物に困ったキリギリスは、アリのもとを訪れました。アリはキリギリスに「夏のうちに苦労してでも食べ物を集めておけば、今は困らなかっただろうに」と言いました。

提示 》『アリとキリギリス』のイラスト

　みなさんはお話でいうとアリになりたいですか。それとも、キリギリスになりたいですか。

　アリになりたい人？ **挙手 》**　　キリギリスになりたい人？ **挙手 》**

夏の間、大変なエサ集めもせずに暮らしていたキリギリスの行動は、本当に失敗だったのでしょうか。アリのように、冬に備えて動くことだけが果たして正解なのでしょうか。

キリギリスはエサ集めをしない時間、夏にしかできないこと存分にできて、いくらか楽しい時間を過ごせたのかもしれません。しかし、エサ集めをしなかったために、生きるか死ぬかというつらい状況に自分でしまいました。また、「夏の間に備えておけばよかった」と後悔の気持ちを味わうことにもなりました。この ように考えると、キリギリスの行動は完全に正解というわけでもなさそうです。

ここまで話を聞くと、「じゃあ、夏にしかできない楽しいこともするし、冬に備えてエサ集めをする時間もとればよかったのではないか」という考えが出てきそうですね。みなさんにもう一度聞きます。

アリになりたい人？ **挙手** キリギリスになりたい人？ **挙手** 他の正解があると思う人？ **挙手**

自分がどうするかを決めるときに、いつも自分にとっての正解がそこにあるわけではありません。なぜなら、未来のことは起こってみないとわからないからです。大切なのは、「どうすれば、未来の自分は幸せになれるのか」とよく想像し、考え て行動することです。後味の悪い結果を招かないことや後悔しないために、今考えられる最高の選択をしましょう。

このお話に込めた「とっておきの話クリエイター」としてのこだわり

選択肢が複数あると、つい目先の楽しいことだけを優先しようとするのが人間です。しかし、心のどこかでは、今の自分も未来の自分も幸せになるための選択をしたほうがよいことに気づいているはずです。教師の語りは、子どもたちが「自分で考えたい」というのも願っている自分がいることに気づけるだけでよいのです。

目に見えるヘルプと見えないヘルプがあることを知る

ヘルプマーク

素材 ヘルプマークポスター（神戸市）

ポイント 障害者週間を迎える12月に話したいお話です。助けのいることが外から見てわかるときと、わからないときがあります。だからこそ、ヘルプの必要なことが目に見えてわかったなら積極的にその視点でもって行動することの大切さを伝えます。お互いにとって気持ちのよいふるまいをすることが大切です。街中では、学校内では、どのようにふるまうのがよいか、考える時間にしたいですね。

提示 》ヘルプマークのポスターの一部を切り抜いたイラスト

　この絵を見てください。この人たちはどんな人たちなのか、想像してみましょう。
　左から、視覚障害の方、義足の方、難病の方、知的障害の方、妊娠初期の方です。みなさんの想像と同じでしたか。それとも想像と違いましたか。
　※子どもたちの実態に応じて、意味を説明する。

12月

提示 》ヘルプマークのポスター

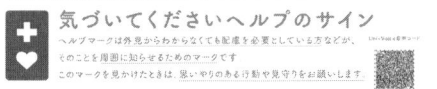

このポスターは、ヘルプマークのことを広く知らせるポスターです。みなさんは、ヘルプマークのことを知っていますか。ヘルプマークとは、生活の様々な場所で、人の助けや気配りが必要なことを知らせるもので、イラストのように外から見えるところに付けることができます。

私たちの身の回りのことを思い出しましょう。この場にも、実は洋服で隠れているところにケガをしている、いつもよりも体調が良くなくてゆったりと過ごしたい等、外からはわからない事情のある人がいるのかもしれません。クラス内でもそうですから、校内、街中へ出ればなおさらです。

私たちにできることは何でしょう。例えば「廊下を歩く」「図書室では静かにする」はマナーですが、ヘルプの必要な人がどこかにいると思うと、マナーを守ることは当たり前のことだと言えます。自分もまわりの人も気持ちよく過ごせるように心配りをする人が一人でも多くなると、誰にとっても暮らしやすくなりそうですね。

このお話に込めた「とっておきの話クリエイター」としてのこだわり

このお話は、ヘルプマークのことを知るとともに、ヘルプマークがなくとも私たちは様々な事情を抱えながら共に生きていることを伝えています。これを機会に、他のマークについて紹介するのもいいですね。

10

自己決定する力を伸ばす

「行く」の反対は?

素材 自身の体験

ポイント 多くの場合、「～する」は行動することを意味する言葉、「～しない」は行動しないことを意味する言葉です。やっていることから一度離れるときにも、「嫌だから」「何となく」という曖昧な感情ではなく、意味のある立ち止まり方をすることを提案するお話です。

板書》・行く ⇔
　　　　・押す ⇔
　　　　・話す ⇔

みなさん、これらの言葉の反対の言葉は何でしょう。 指名》

「来る」「引く」「聞く」を思い浮かべた人と、「行かない」「押さない」「話さない」を思い浮かべた人がいることでしょう。

板書》・行く ⇔ 来る　行かない
　　　　・押す ⇔ 引く　押さない
　　　　・話す ⇔ 聞く　話さない

「来る」と「行かない」は、「行く」の正反対のことをしているという点では同じですが、やっていることは全く違います。「来る」には、向こうからこちらへ向かってくるというはっきりとした行動が見えますが、「行かない」はこちらからあちらへ行かないだけで、実際は寝ているかもしれないし、座っているかもしれません。または尋ねられた場所ではない別の場所へ向かっているかもしれませんね。

板書 ≫ 「〜する」「〜しない」

　みなさんも普段の生活の中でも、「あーもう嫌。やらない」と感じることがあると思います。そのときに、「〜しない」を選択すると、やっていたことは完全に途切れます。次の行動も出てきにくいでしょう。反対に、「休む」「手を止める」「一旦他のことをやる」「別の方法を考える」等と「〜する」を選べば、意味のあるやめ方になります。

　　○「〜する」 ⇐ ×「しない」

　進むために休んでみましょう。きっと、やめたことを後悔することなく、進むためにはしない時間が必要だった、意味のある時間だった、と前向きに思えることでしょう。

このお話に込めた「とっておきの話クリエイター」としてのこだわり

　「一度始めた習い事は続けなさい」「頑張れば頑張った分結果が出る」……私たちは、小さな頃からどこででも、頑張ることや努力することのよさは学んできましたが、休むことや自分の息苦しさに気づくことの大切さは学ぶ機会が少ないのではないでしょうか（もしかしたら私だけかもしれません）。疲れたら休まないと心身が壊れます。前に進むために休むという選択肢を子どものうちにもっておきたいものです。

ささいなことにも感謝の気持ちを持つ

○○のおかげ

素材 母の一言

ポイント 自分の誕生日が誰かの幸せになっていて、誰かの誕生日が自分の幸せになっている。「おかげ」「ありがとう」を感じる視点を広げてくれるお話です。

提示 ≫ レストランで食事しているイラスト

"今日は私、さちの誕生日。お祝いに、家族でレストランへ来ました。料理が次々と運ばれ、「これ、おいしい！」「次何にする？」等と言いながらおいしい料理に舌鼓を打っていました。そのとき、母が「さちのおかげでこんなにおいしい料理を食べられたよ」と言いました。"

さて、さちさんのお母さんが言った「さちのおかげで」とはどういう意味でしょうか。さちさんが何をしたというのでしょうか。指名 ≫

　さちさんのお母さんは、「今年も無事にさちさんの誕生日がやってきたおかげで、家族みんなでこんなにおいしい料理を食べられる」という意味で「さちのおかげで」と言いました。言うまでもなく、さちさんのお母さんはレストランでおいしい料理を食べたかっただけではありせん。今の自分の幸せな状態は、娘であるさちさんのおかげであると言いたかったのです。

板書 》》「おかげ」

　このようなことは、身の回りのどんなことにも当てはまります。考えてみましょう。例えば、
- 今日も元気に学校に来られたのは「（　　　　）のおかげ」
- 今日もおいしい給食を食べられるのは「（　　　　）のおかげ」
- 何の心配もなく友達と過ごせるのは「（　　　　）のおかげ」

板書 》》「おかげ」 ⇒「ありがとう」

　「おかげ」は、自分がまわりから受けたありがたいことを指すのですが、漢字で「お陰」と書くように、普段は陰に隠れていて見ようとしないと見えないものなのかもしれません。「〇〇のおかげ」という言葉は、自分が受けているありがたいことを照らす、懐中電灯のようなものですね。

このお話に込めた「とっておきの話クリエイター」としてのこだわり

　感謝の気持ちは感じるものですが、感謝の気持ちを感じるには必ずきっかけがあります。それは言葉であったり、経験だったりします。「病気になったときに健康のありがたさを感じた」というのはその最たる例かもしれません。このお話が、こんなところにも感謝を感じる人がいるのだな、という気付きになれば幸いです。

12

よりよく生きようとする自分に気づく

巣立ち

素材 自身の経験・Xのツバメに関する投稿

ポイント 鳥のひなが巣立つことと、子どもが親元を離れたり学校を卒業したりすることの2つの意味をもつ「巣立ち」という言葉から、巣立った後の自分はどう生きたいのかを考えます。「巣立ち」という言葉を知る6年生にぜひ語りたいです。

提示 》 巣立ちを連想させるイラストまたは写真

　「巣立ち」という言葉には、鳥のひなが巣立つことと、子が親から離れたり、学校を卒業して社会に出たりすること、という意味があります。

　ツバメはどのように巣立つのか知っていますか。ツバメは民家の軒下等に巣を作って卵を産み、何羽ものひなを育てます。親ツバメはひなのために巣と外を何往復もしてエサを運びます。ひなはそれを食べて大きくなります。
　やがてひなが大きくなってくると、ひなは時々巣の縁に上がり、飛ぶ練習をするかのように羽をばたばたとさせます。そして、準備ができたツバメから一羽、また一羽と巣を飛び立ちます。ひなが再び巣に戻ってくることはありません。ひなが巣を飛び立った後も、親鳥はひなの近くで見守っています。ひなが巣立つまでの間

は20日間くらいだそうです。

　ひなは親鳥から空の飛び方やエサの捕り方を教えてもらうわけではありません。巣にいるときに空を飛べるだけの体つきになったり、羽を動かせるようになったりしただけです。では、巣立ったツバメはどのようにして生き続けているのでしょうか。うまくいくまで何度もエサを捕ろうとしている、天敵に襲われそうになって命からがら逃げる、安全な場所を見つける、私たちは知る由もありませんが、いろいろな状況が想像できます。

板書》》「巣立ちとは、（　　　　　　　　　　ながら）生きること」

　「巣立ち」とは、巣からいなくなって終わりではありません。巣立つ側としては、そこからがスタートともいえます。ツバメの例でいうと、自分で行き先を決める、エサを捕る、危険な状況を脱する、冬を越す、新しい家族をつくる等です。

　（　　）には、「エサを探しながら」「困難に立ち向かいながら」「新しい家族を求めながら」という言葉が入るでしょう。みなさんに置き換えてみましょう。みなさんの「巣立ち」とは何ですか。（　　）の中にどんな言葉を入れますか。また、どんな言葉を入れたいですか。

このお話に込めた「とっておきの話クリエイター」としてのこだわり

　学校を卒業して進学することを「巣立ち」とは、よく言ったものです。子どもたちが巣立った後、道しるべも正解もない大空に羽ばたき、そこで自分らしく生きられるように、「巣」にいる間に小さな失敗と成功体験を積み、困難に出合ったときに乗り越えるための知識や技能を身につけ、「よし」と思えるタイミングで巣立てるよう、十分に準備をさせてあげたいものです。

小杉先生の「とっておきの話」から 見つけられる"とっておき"

　小杉先生は、ワンオペママでありながら地元富山で公立小学校教員として長年働いていらっしゃいます。家事に子育て、仕事と忙しくされている中、小杉先生のXでの発信にはまわりの大切な人たちへの温かさを感じます。自分自身も楽しみながら、忙しい毎日と向き合っている方です。そんな小杉先生の「とっておきの話」には、次の3点において"とっておき"を見つけられます。

　1つ目は、「ものの見方の多様性」を生み出そうとされている点です。自分自身を振り返るときにも、相手の価値観に触れるときにも、様々なものの見方をもってほしいという子どもたちへの願いを感じます。4月『富山の本気』では、地元の富山の景色を素材に、「本気」を切り口にした新たな見方を提案しています。

　2つ目は、「受容」をテーマに自己や他者と向き合う場をつくり出そうとされている点です。「自分を受容できるからこそ、相手のことを受容しようとする心が生まれると思う」と述べられていることから、自己受容・他者受容・相互受容という3つの受容を意識して1年の語りを線でつないでおられるように感じました。5月『クッション言葉』や6月『箱の形』は他者受容、7月『シンクロやろうぜ』や9月『おはよう靴下』は自己受容、12月『ヘルプマーク』や2月『○○のおかげ』は相互受容を意識した語りと言えます。3つの受容はそれぞれ、先述した「ものの見方の多様性」に支えられて成り立っているのでしょう。

　3つ目は、「自分の幸せを決めるのは自分自身」という考え方がどの語りにおいても軸として貫かれている点です。10月『スペシャルドリンク』や11月『アリとキリギリス』では、自分で調整・選択・決定することの重要性について触れた語りをされています。その中で子どもたちに「多様なものの見方で自分も他者も受容し、自分の人生は自分で生きる＝幸せ」という生き方の哲学を伝えています。1月『「行く」の反対は?』や3月『巣立ち』では、さらに子どもたちが「自分で生きる」ことができるようエールを送る内容となっています。

　お話一つひとつから、小杉先生ご自身が大切にしておられることが感じられました。大好きなあの飲み物も含め、温かい素材溢れる「とっておきの話」でした。

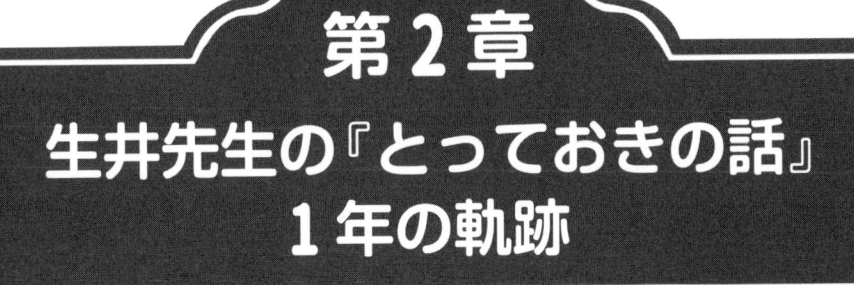

第2章
生井先生の『とっておきの話』
1年の軌跡

生井先生のプロフィール

　生井光治。2006年より東京都公立小学校に勤務。EDUBASE CREW。3児の父。野菜ソムリエ。

　33歳より教務主任か生活（生徒）指導主任と担任を兼務している。ただ地道に目の前の子どもたちの目がいかに輝くかについて一瞬一瞬向き合い、実践を積み重ねてきた。

■著書

『教師・子どもワクワク！小学5年理科全単元スライド＆ワークシート』（学芸みらい社、2024年）

『集団を仲間に変える学級経営：「トガリ力」輝く12ケ月の学級会実践』（学芸みらい社、2024年）

『保護者対応：信頼はぐくむ教師の「聞く力」』（学芸みらい社、2024年）

私と『とっておきの話』　～生井先生の語り観～

　正直に言います。実は私は朝や帰りの会によくある「先生のお話」が苦手です。だからここ数年、朝や帰りの会のプログラムから外していました。日直は「連絡はありますか？」とみんなに投げかけ、私から話したいことがあるときだけ私も挙手をします。まさに「とっておきの話」。つまり一日のルーティンの中での話ではなく、「今どうしても話したいこと」なのです。

　さて、私が「語り観」として大切にしていることは3つです。

　1つは「特別感」。雑談のように話し始めるのではなく、「先生の様子がいつもと違うぞ」と子どもが感じられるような表情や間、「待ち」を作ります。

　2点目は「視線」。全員と視線を合わせます。それも通常の授業で目を合わせるのが0.5秒くらいだとしたら、2秒視線を止めます。「私に届けてくれているんだ」という気持ちになってもらえるように。

　3点目は「学級通信」。同じ内容を通信で紹介し、保護者とも共有することで、子どもは話をOutputする機会を得ます。これで「私の語り」は、その子にとっての「とっておきの話」になるのです。

私が学級経営で大切にしていること　〜線で語る視点から〜

　私の学級経営は、「みんなちがって、みんないい」の解像度をどこまで上げることができるかが、自分への挑戦であり伸びしろだと考えています。教育界でも大切にされてきたこの詩ですが、今の日本において、一体どれだけの「みんなちがって、みんないい」教室が存在するでしょうか。

　「あなたは、あなたのままでいいんだよ」……このあまりにも美しく、言うのは簡単で響かせることの難しいメッセージが伝わることこそ、私の「語り」のゴールです。

　それは「語った瞬間」のときもあれば、数日後、数か月後の場合もあるでしょう。いや、本当の意味でそのメッセージが響くのは、子どもたちが将来、自分にしか咲かすことのできない花を咲かせたことに満足できたときなのかもしれません。だからこそ、一つひとつの「語り」は「点」ではなく「線」なのです。さらに、仲間との関わりによって「面」となり、時を超えて「立体」的に、その子の人生に影響することと願い、信じています。

私の『とっておきの話』　1年の軌跡

挑戦することそのものの価値を共有する語り

挑戦したくなる教室

4月

(素材) ノエル・M・ティシー（ミシガン大学ビジネススクール教授）

(ポイント) 「難しいことにも挑戦しましょう」と口で言うのは簡単ですが、それを子どもたちが心から納得できるように語るのは意外と難しいものです。CSPの3つの心理領域を語ることで、挑戦の意欲が湧き上がる学級開きとなることでしょう。

(参考) 『集団を仲間に変える学級経営：「トガリカ」輝く12ヶ月の学級会実践』（拙著、学芸みらい社、2024）

板書 黒板に円を3つ重ねて描き、中央からC・S・Pのアルファベットを書く

人の心には、3つの心理領域（心の範囲）があるそうです。一番内側にあるのが「C（コンフォート）ゾーン」。これは、あなたが一番安心していられる空間や状況です。お風呂に入っていたり、仲良しの友達と楽しい話をしたりするときでしょうか。

その外側にあるのが、「S（ストレッチ）ゾーン」です。スポーツをする前に、「ストレッチしましょう」と言われたことはありますか？ ストレッチには「伸ばす」という意味があります。そう、成長するゾーンです。

今までできなかったことや、初めてのこと、初めての相手だと、緊張したり、不安があったり、勇気が必要だったりしますよね。それが「Sゾーン」です。心に少しストレスがある状態です。

人間は人生の多くの時間を「Cゾーン」で過ごすそうです。しかし、ずっと「Cゾーン」だけで過ごしていたらどうでしょう。できることが増えていかないですよね。かけ算九九でも、縄跳びでも、考えを発表することでも、今までできなかったこと

ができるようになったという経験が、あなたたち全員にあるはずです。なぜ、できるようになったのか。それは、あなたが「Cゾーン」にとどまらないで、「Sゾーン」へ飛び出す勇気をもって行動したからです。

　あなたの今の姿は、あなたがこれまでにどれだけ「Sゾーン」に飛び出してきたかの結果なのです。

　では、誰もがどんどん「Sゾーン」に飛び出していけばいいじゃないかと思うかもしれません。でも簡単ではありませんよね。なぜなら、「Sゾーン」の外側には、3つ目の領域「Pゾーン」があるからです。

　「P」は何の頭文字だと思いますか？　そうです。「パニック」です。右も左もわからず混乱して、ストレスがかかりすぎる状況です。「Pゾーン」を恐れるあまり、「Sゾーン」へ一歩踏み出すのをためらってしまうのも当然のことでしょう。

教室提示

　ではどうすれば、「Sゾーン」に挑戦しやすくなるのでしょうか。それは、「Pゾーン」への不安を抱える必要のないクラスになることです。勇気を出して挑戦したのに笑われたり、失敗を責められたりしたら、「Sゾーン」だと思って飛び出した先が「Pゾーン」になってしまいます。反対に、勇気を認めてもらえるという安心感があれば、すすんで「Sゾーン」へ飛び出せるものです。そんな教室をつくっていきましょう。

このお話に込めた「とっておきの話クリエイター」としてのこだわり

　この「語り」は、私の「とっておきの中のとっておき」です。4月に語って終わりではありません。右上のようにイラスト化したものを、教室の目立つところに掲示し、ことあるごとに「Sゾーン」に飛び出す勇気を価値付けます。すると、この言葉は「子どもたちのもの」になります。この語りが、将来子どもたちの背中をほんの少しずつ押し続けてくれることを願ってやみません。

14

安心してトイレに行ける環境をつくる語り

トイレに行っといれ！

5月

素材 谷川俊太郎『うんこ』（ディスカヴァー・トゥエンティワン）

ポイント 「トイレは我慢しないで行きましょう」と言葉で伝えても、恥ずかしいものは恥ずかしいのです。そこで、この語りを通して、隣のクラスが驚くらい大きな声でこの詩を音読し、面白おかしく恥ずかしさを乗り越えられるとよいですね。

提示 》次のように詩の一部を隠しながら進める（スライドを使うとテンポよく進められる）

今日は詩を紹介します。次の〇〇〇には同じ言葉が入ります。

ごきぶりの　〇〇〇は　ちいさい
ぞうの　〇〇〇は　おおきい
〇〇〇というものは　いろいろな　かたちをしている

さて、どんな言葉が入ると思いますか？ 指名 》
まだ詩は続きますよ。

いしのような　〇〇〇
わらのような　〇〇〇
〇〇〇というものは　いろいろな　いろをしている

どうですか？ もっとヒントが欲しいですか？ すべて同じ言葉ですよ。

〇〇〇というものは　くさや　きを　そだてる
〇〇〇というものを　たべるむしも　いる
どんなうつくしいひとの　〇〇〇も　くさい
どんなえらいひとも　〇〇〇を　する
〇〇〇よ　きょうも　げんきに　でてこい

もうわかりましたね！ わかった人、みんなで言いましょう。せえの！
「うんこ（うんち）！」

　どんな美しい人のうんこも臭いし、どんな偉い人もうんこをするのに、学校でするのは恥ずかしいという人はいませんか？ うんこを我慢すると、便秘や痔になることもあります。さらに、体内に便がたまり続けているせいで、体臭の原因にもなるのです。
　そしてもう一つ。うんこの状態によって、自分の健康状態がわかるという働きもあります。野菜が不足していないかな、冷たいものを食べすぎていないかな、心は元気かな…などを教えてくれます。うんこのことを漢字一文字で「便」と言いますね。訓読みは？ そうです。「便り」です。うんこは、あなたの体からの便りなのです。そんなお便りに感謝して、みんなでこの詩を音読します。「うんこ」の部分を特に大きな声でいくよ、せえの「うんこ」……。

演出 》》あえて大きな声で群読する

このお話に込めた「とっておきの話クリエイター」としてのこだわり

　日本中の学校で「うんこ」を我慢する子どもがたくさんいます。あなたの教室ではいかがですか？
　「うんこ」を我慢しなければならないのは、教室に「心理的安全性」が保たれていないからだと捉えることもできます。
　「バカにされるかも」「覗かれるかも」…とおびえて我慢するなんて、健全な集団ではありません。心理的安全性を築けば、安心して「うんこ」できるとも言えますが、堂々と「うんこ」できるくらい安心だという学級にしていきたいものです。

15

夢を叶える力を得られる語り

ゾーンは広がる

6月

素材 ノエル・M・ティシー（ミシガン大学ビジネススクール教授）

ポイント この語りは、6月の単発だけでは存在しません。4月の語り（P.40）
をベースにして、タイミングを見て二の矢、三の矢として放つことで効果絶
大となります。タイミングとは、子どもたちがわかりやすい努力を重ね、目で
見てわかる成長の実感を得られているときです。ぜひ、具体的な事例をあ
なたの教室で起こっていることに置き換えて語ってください。

参考 『集団を仲間に変える学級経営：「トガリカ」輝く12ヶ月の学級会実
践』（拙著、学芸みらい社、2024年）

提示 》 **4月の語りと同様の図を描くか、教室に常掲している図を用いて説明する**

　体育でとび箱の学習を進めています。
あなたたちが練習する様子を見て感動し
ます。

　それは、得意な人も苦手な人も、好き
な人も嫌いな人も、全員が一生懸命練習
を重ねていることです。苦手なことや嫌
いなことに挑戦するって簡単じゃないです
よね。将来、とび箱の技を生かした仕事
をする人はほとんどいないでしょう。そ
れなのに、「こんなことをして一体何の意
味があるのですか？」と言って、挑戦しな
い人がいない。

　なぜなら、挑戦そのものがあなたたちにとって「意味のあること」、そして「楽し
いこと」になっているからです。そして、きっと心のどこかでわかっているのでしょ
う。努力する過程で、とび箱の技を1つ習得すること以上に大切なことを学べると
いうことを。

　○○さんたち3人は、何度も何度も開脚跳びの練習をしていました。「10回やってダメだったから、もう無理だ」ではないのです。はじめはお尻がとび箱に乗って座ってしまう状態から、1㎜ずつお尻を着く位置が前になり、「次こそは」「次こそは」と本当に1㎜ずつ幅を広げていったのです。3人とも、時間内に見事に超えられました。できたときの笑顔が最高に美しくてたまりませんでした。そしてこんな言葉が聞こえてきました。

　「あんなにできなかったのに、一回できるようになったら、なんだか普通に連続でできるようになりました」……まさに、これなのです。とび箱に挑戦することを通して、あなたたちが1㎜、また1㎜と広げていったのは、他でもない「Cゾーン」であり、「Sゾーン」なのです。

　技の難しさに関係なく、できなかった技、勇気がいる技に挑戦することは、「Sゾーン」への挑戦です。でも、あるときそれができるようになると、次からは安心してできること、つまり「Cゾーン」に変わるのです。「Sゾーン」だったことが、「Cゾーン」になっているのです。するとどうでしょう。あんなに「無理だ」「Pゾーン」だと思っていた技が、「Sゾーン」くらいに近づいてきませんか。

　「Sゾーン」への挑戦を続ける限り、そのことがずっと「Sゾーン」であるということはほとんどありません。SをCに、PをSにと広げていった先に、あなたらしさが輝く未来が待っていることを私は確信しています。

このお話に込めた「とっておきの話クリエイター」としてのこだわり

　「とっておきの語り」が「とっておき」であるためには、繰り返し伝えること、そして具体的な姿をキャッチして「語り」とつなげて価値付けることだと考えています。6月でなくてもいいので、目に見えてできるようになっている姿をキャッチして、目に見えない「ゾーン」の話として価値付けてください。きっと様々なことがつながり、子どもにとっての「とっておき」になることでしょう。

あなただからこそできること

素材 掃除ロボットの写真かイラスト

ポイント 最新家電における機能の豊かさに着目しつつ、そんな最新掃除ロボットでさえもできないこと＝人間にしかできない掃除の仕方を考えさせます。大掃除をする直前に語るのがおすすめです。

7月

提示 》 掃除ロボットの写真かイラスト

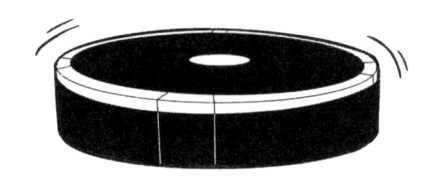

　お掃除ロボットを知っていますか？　便利な世の中になりましたね。最近では、ただゴミを集めるだけではなくて、様々な機能があるようです。どんな機能があると思いますか？ 指名 》

　もっともっとあるんですよ。いくつか紹介します。
（以下の中から学年に応じてわかりやすい言葉で説明する）

● 　集めたゴミを自動で捨ててくれる。
● 　埃やダニなどの目に見えないゴミをしっかり吸引する。
● 　衝突防止機能により、自動的に障害物を感知して衝突を回避する。
● 　静音性に優れているため、赤ちゃんが寝ていても安心。
● 　水拭きができる。

- 2cm程度の段差なら越えられる。
- 進入禁止エリアを設定できる。
- AIが窓枠や障害物などを感知し、効率的なルートで清掃してくれる。
- 床の材質に合わせて掃除方法をAIが自動で変えてくれ、モップの力加減や湿度を調節し、床へのダメージを抑えられる。

さて、どうですか。最近の家電製品はすごいですよね。でもね、私は毎日のあなたたちの掃除を見ていて、掃除ロボットには決してできないと思える掃除の仕方をしている人がいて感動します。例えば……

- 物をどかして、その下にある埃を取る人。
- 重い机を一緒に持ってあげる人。
- 何かに挟まっているゴミを取る人。
- ゴミか落とし物かを区別している人。
- 落とし物を持ち主に返してあげる人。

今紹介した人たちは、「人間ならでは」の掃除をしています。「人間ならでは」とは、どういうことでしょう。それは、「考えて動く」ということです。想像し、思いやり、判断する…これらのことは、AIが得意としていることではありません。あなただからできることです。さあ、大掃除を始めますよ。どんな掃除をしたか、終わったら教えてくださいね。

このお話に込めた「とっておきの話クリエイター」としてのこだわり

　大掃除は「やらされるもの」「いやいややるもの」と思われがちで、教師もその意義をきちんと語ることが少ないのではないでしょうか。
　AI時代に入り、人間がしてきた「作業」のほとんどをAI及び機器が代替できるようになります。だからこそ、人間らしさ、人間にしかできないことを意識的に行いたいものです。この語りはまさにその真骨頂です。いくら便利になっても、自分の代わりはいないということを大掃除を通して実感できれば、掃除も前向きに取り組み、教室もピカピカになることでしょう。

違いの価値を実感する語り

違いを豊かさに

素材 岩川直樹『人権の絵本〈2〉ちがいを豊かさに』（大月書店）

ポイント 「違いなんてない方がいいのになあ」と思ってしまう、子どもの率直な気持ちに寄り添うことが大切です。大人だって、人と比べて劣等感を抱く場合、違いを前向きに捉えることは難しいものです。だからこそ、きれいごとでなく、自分たちの問題として「違い」について再認識させたいです。

板書 》「ちがい」

隣の人との違いを教えてください。

指名 》（一人ひとりの発言を価値付けながら、テンポよく次々と答えさせる）。

［予想される子どもの意見］

性別	身長	体重	好きなこと
頭のよさ	得意なこと	運動神経	食べる量
家族	持ち物	くせ	趣味

たくさんの違いがありますね。私たちは、このように多くの違いの中を生きています。そんな違いについて、詩を紹介します。

掲示 》スライド等を使用する

人と人のあいだには
いろんなちがいがある

人はそのちがいを
不幸にしてしまうこともある

そのちがいを
豊かなものにできることもある

私たちが何をするとき
ちがいは不幸になるんだろう

私たちが何をすれば
ちがいを豊かなものに　することができるんだろう

作者があなたたちに問いかけています。違いが不幸なものになるのはどんなときですか？

指名 》》

［予想される子どもの意見］

悪口　　　　いじめ　　　　差別　　　　戦争

　人間が「違っていること」を理由にそのように動いてしまえば、「違いなんてない方がいいのに…」と思ってしまいますね。みなさんも、人と比べて「どうして自分はこうも〇〇なんだ…」と落ち込んだことはありませんか？　私も弱いので、今でもそのように思うことがあります。でもそんなときは考えるのです。

　「何をすればちがいを豊かなものにすることができるんだろう」と。

　みなさんはどう思いますか？

　「ちがい」があることが良いとか悪いとかではないのです。「ちがい」を人間がどう捉えて、どう行動していくかにかかっているのです。違いを大切にできる2学期にしていさましょう。

このお話に込めた「とっておきの話クリエイター」としてのこだわり

　『人権の絵本〈2〉ちがいを豊かさに』に収録されている詩には、この他にも実に考えさせられる詩が多く収録されていて、私の学級経営必携の書の一つです。私は子どもたちに、年間を通して「多様であること」の価値を繰り返し語り、価値付けていきますが、これはその切り口の一つです。詩そのものが発問になっているので、考えさせやすいことと思います。

18

心は育つ

素材 相田みつをの書

ポイント 意外と子どもたちは、「心が育つもの」とは思っていないものです。語りの後半の具体的な事例は、できることなら実際に起こった出来事をキャッチして、名前を出して価値付けるとよいでしょう。

板書》「〇〇狩り」

さて、〇〇に当てはまる言葉をどうぞ。

指名》

ぶどう　　　　イチゴ　　　　りんご　　　　みかん

おいしそうですね。食べ放題でおなかいっぱいになるときもあります。
では、これは知っていますか?

板書》「紅葉狩り」

ちょうど今の季節にぴったりです。お腹いっぱい紅葉を食べましょう…ではないですね。何をするのですか? そうです。紅葉の美しさを味わうのが「紅葉狩り」です。行きたいと思う人? 人それぞれですね。

提示》「うつくしいものを　美しいと思える　あなたのこころが　うつくしい」

私の好きな言葉の一つです。みなさんで読んでみましょう。さん、はい。斉読》
さて、どういう意味だと思いますか? 指名》

では、あなたの心が美しいかどうかは、いつどのようにして決まるのでしょうか。
生まれつきでしょうか、それとも遺伝でしょうか。

10月

「先生はきれい好きですね」と、よく言われることがあります。私の家がきれいかどうかは想像にお任せしますが、教室については「きれいであるべき」と思っています。シンプルに、きれいな方が気持ちよいということはもちろんですが、他にも大きな理由があります。それは、あなたたちの「心」は今この瞬間にも育っているからです。

板書 ≫ 「心は育つ」

「心は育つ」と聞くと、優しさや思いやり、善悪の判断などを想像すると思いますが、美しいものを美しいと感じたり、美しくないものを見て「嫌だな」と思ったりする心や、すごいなぁとワクワクする心、晴れた空を見てスッキリしたりする心など、心が勝手に動いて感じる気持ち＝「感性」も今この瞬間に育っているのです。

だから私は、下校時に机の中が空になっていることを確かめたり、机を整頓するように言ったり、朝あなたたちが登校する前に窓を開けて空気を入れ替え、机や椅子を美しくそろえたり、ゴミが落ちていたらほうきで掃いたり、自分の机の上やまわりも散らからないようにしたりしているのです。

今、あなたの目に入っているもの、肌で感じているものが、あなたの心に「これが美しさだよ」「ほらね、心地よいでしょ」と語りかけてくれ、あなたの「感性」を磨いていくと思うからです。美しい状態で過ごすことで、美しさを感じられる心が育つのです。

私だけでなく、美しい状態をつくってくれる人もたくさんいます。掃除していると手伝ってくれた人、散らかっていたみなさんの牛乳パックを美しく並べてくれた人、誰が使っていたかもわからない竹馬が散らかっているのを見つけ整えてくれた人。あなたの心の美しさが、誰かの心を美しくしてくれています。美しい心が広がる教室……芸術の秋にぴったりですね。

このお話に込めた「とっておきの話クリエイター」としてのこだわり

教育という仕事は恐ろしいもので、教師の一挙手一投足、言葉、環境のすべてが子どもに影響を与えます。良くも悪くも。だからこそ、私は「仕事として」教師の机まわりは（少なくとも教室では）美しくあるべきだと思います。それができる教師であればこそ、「心の美しさ」を語ることが許されるのだと思います。

19

働くということ

素材 新一万円札

ポイント 新紙幣として身近な「顔」になった渋沢栄一ですが、その偉業は意外と知られていません。そこで、逝去した11月の語りとして紹介しました。遠くの偉人の言葉が自分事になるように意識して語ります。

提示 》新一万円札紙幣の画像

さて、一万円札にも描かれているこの人の名前を知っている人？

そう「渋沢栄一」です。2024年7月3日に20年ぶりに一新された新紙幣「一万円札」に描かれた人物で、聖徳太子・福沢諭吉に続く3人目です。

では、渋沢栄一が何をした人か知っている人？ 挙手 》一番大きな金額の紙幣に描かれるほどなのに、何をしたかを説明できる人はそう多くありません。少し紹介しますね。

渋沢栄一は、明治から昭和にかけて、500社以上の会社の設立に関わり、日本人の生活を豊かにするために大きな貢献をした人です。また、「商売をする上で重

要なのは、競争しながらでも道徳を守るということだ」という言葉を残しているように、教育にも力を入れ、現在の一橋大学、日本女子大学の設立など、600もの教育・社会事業に関わりました。

掲示 》》（電子黒板等に映し出せるとよい）
ただそれ（仕事のやり方など）を知っただけでもうまくいかない。
好きになればその道に向かって進む。
もしそれを心から楽しむことができれば、
いかなる困難にもくじけることなく進むことができるのだ。

これも渋沢栄一が残した言葉です。好きなことが仕事になれば最高ですが、みんながみんな好きなことを仕事にしていては、とてもバランスの悪い社会になります。将来、あなたの仕事が「好きなこと」「やりたいこと」ではなかったとしても、「好きになる」努力、そして「心から楽しむ」努力ができるようになれば、「困難にくじけない」で進むことができるということです。

私は日々、「好きになる」「心から楽しむ」努力の仕方を、あなたたちに教えているつもりです。それは「Sゾーン」に挑戦するということです。
嫌いな教科・苦手な教科も、わかるようになる努力をすれば、「好き」に変わるかもしれません。とび箱で、できなかった技ができるようになれば、うれしくて「好き」に近づくことでしょう。
苦手な人との関わりもそうです。苦手だから関わらない、避ける、文句を言う、陰で悪口を言う…ではなく、どうすればクラスメイトとして気持ちよく過ごせるかを考えてみると、相手の良いところが見えてくるものです。
そんな日々の学校生活が、あなたたちの将来の「働く」ということにつながっていくことを願っています。

このお話に込めた「とっておきの話クリエイター」としてのこだわり

ここでも「Sゾーン」という言葉が登場します（P.40参照）。このように、一つひとつの「とっておき」が、点ではなく線となって結びついていくことを意識することで、その語りのもつ価値の実感が得られることと思います。

20

障害に対する考え方を一変させる語り

「障害」のない社会へ

素材 障害平等研修（Disability Equality Training: DET）

ポイント 2枚のイラストを順に提示し、全く同じ発問をします。こうすることで、子どもたちは自分の中にあった「障害」という言葉の概念に歪みがあったことに気づきます。この気付きで、障害に対する正しい理解の必要性を実感します。大人でもハッとさせられる語りです。

12月

提示 》》1枚目のイラスト

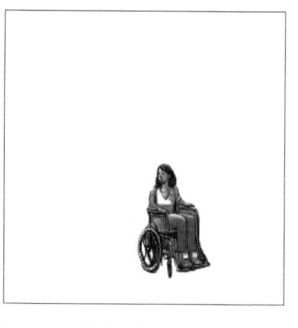

障害はどこにありますか？ 指名 》》
［予想される子どもの意見］
足
左手

この写真には、背景がありません。今この人はこのような場所にいます。

提示 》》2枚目のイラスト

障害はどこにありますか？ 指名 》》
［予想される子どもの意見］
段差
狭い店内
手伝う人がいないこと
平らじゃない道

車いすの女性のイラストは、2枚とも全く同じです。私の質問も全く同じでした。それなのになぜ、あなたたちの答えは変わったのでしょう。

「障害者基本法」の中で、「障害者」とは、「身体障害、知的障害、精神障害その他の心身の機能の障害がある者であって、障害及び社会的保障壁により、継続的に日常生活又は社会生活に相当な制限を受ける状態にあるもの」と、説明されています。

みなさん、この国から「障害者」はなくせると思いますか？

1枚目のイラストでみなさんは「障害」は「障害者」の中にあると考えました。しかし、2枚目のイラストを見たとき、「障害」は「障害者」のまわりにあるものだと考えました。そうです。「障害」は「誰か」の問題ではなく、「社会」の問題、つまり「自分たち」の問題として考えたのです。

そう考えると、「日常生活又は社会生活に相当な制限を受ける」ことは、減らしていけると思いませんか？　世の中から「障害」がなくなったとき、「障害者」という言葉もなくなっていくのではないでしょうか。あなたにできることを…考えてみましょう。

このお話に込めた「とっておきの話クリエイター」としてのこだわり

世界人権宣言の採択日である12月10日は、国連で「人権デー（Human Rights Day）」と定められています。国内でも、法務省が人権デーを最終日とする1週間を「人権週間」と定め、全国的に人権啓発活動を特に強化して行っています。

そんな大切な時期だからこそ、「障害」という言葉の定義や概念の捉え方について、正しい認識をもち、一人ひとりが自分事として考えられるようになりたいものです。

21

ストレスは人生の〇〇

（素材）曲がりねぎの写真

（ポイント）「ストレスは悪いもの」「できればない方がよいもの」と思われがちですが、4月の語りとも関連させてこの語りをすることで、適度なストレスは人間を成長させる「Sゾーン」への一歩だと気づくことができます。

（板書）》ストレスは人生の〇〇である。

　これは、「ストレス学説」を提唱した生理学者のハンス・セリエ博士の言葉です。〇〇に入る言葉は何だと思いますか？（指名）》

　　不幸

　　災難

　　毒

　それでは、次にこのイラストを見てください。

（掲示）》仙台曲がりねぎの実物か写真かイラスト

長ネギですね。どんなネギですか？（指名）》

　　曲がっている。　　　不良品？

では、なぜ曲がったのだと思いますか？（指名）》

　　失敗してしまった。

　何もしないとこうなる。

　台風の影響。

　このネギは、宮城県仙台市の伝統野菜「仙台曲がりねぎ」です。

　栽培方法を紹介します。農林水産省のホームページ内にある「達人レシピ」第13回に特集されている記事にはこのように書かれています。

　　発祥の地とされている宮城野区岩切地区は、地下水位が高く、野菜は根腐れしやすい土壌でした。そこで明治から大正時代にかけて生まれたのが「やとい」という栽培方法。栽培中のねぎを一度抜き取り、約25度から30度の傾斜をつけ寝かせた状態で植え直します。そうすることで、ねぎの根があまり深く伸びず、根腐れしません。そこから約1カ月から3カ月ほど、ねぎは上に向かって伸びようとする習性で曲がって成長していきます。その際、曲がるストレスにより、ねぎの軟白部分は柔らかくなり、また甘味をもつようになります。

　なんと、このネギは仙台の農家さんが、わざと曲がるように手間をかけて育てているのです。曲がるときにネギにストレスがかかり、柔らかくなるとともに甘くなるというのです。

　人間も同じです。ストレスが全くかからないのは、一生「Cゾーン」にいるようなものです。適度なストレスは、自分にとって「Sゾーン」であることを教えてくれ、そこに立ち向かう勇気や努力は、あなたの人生を強く、豊かにしていくことでしょう。

　さて、ハンス・セリュ博士の言葉に戻ります。

　「ストレスは人生のスパイスである」……ストレスはありすぎると困るし、ないと味気ない「スパイス」のようなものなのです。スパイスを味方につけることで、あなたの人生の味わいを深くしていけるとよいですね。

このお話に込めた「とっておきの話クリエイター」としてのこだわり

　「仙台曲がりねぎ」の旬である1月の語りとして設定しました。大きな八百屋さんなどで実際に売られているので、実物を見せて語るのもよいでしょう。

　5年生の体育科保健領域では、「心の健康」として、ストレスとの向き合い方の授業もします。その内容とも関連させることで、より意味があり、実感の伴った語りとなることと思います。

22

欠点はいらない？

(素材) 井上雄彦『SLAM DUNK』(集英社)

(ポイント) 今の子ども世代では、『SLAM DUNK』を知っている子どもは多く
ないかもしれません。語りの前にYouTubeにある5分程度の短編ムービー
を見せてもいいですし、具体的な「欠点」を紹介してもよいでしょう。保護
者世代にはど真ん中なので、参観や通信でもこの語りを紹介できると、個
性の大切さの認識がより深まることと思います。

提示 ≫ 『SLAM DUNK』の一コマ

　『SLAM DUNK』という漫画やアニメを知っていますか？　バスケットボールで全
国制覇を目指す高校生のお話で、保護者の方の多くが読んだことがあるのではな
いかと思います。1年少し前に、『THE FIRST SLAM DUNK』として映画で公開
され、主題歌の「第ゼロ感」も流行しました。私はそれほど漫画を読んだり、アニ
メを見たりしないのですが、この『SLAM DUNK』だけは、何度も全巻を読み返し、
結末や台詞まですべてわかっているのに、最終巻では必ず涙してしまいます。

　そんな『SLAM DUNK』ですが、かつて作者の井上雄彦氏へインタビューした内
容を、本で読んだことがあります(『座右のゲーテ』齋藤孝、光文社文庫)。

　その中で、齋藤孝氏はこんな質問をしました。

「『SLAM DUNK』が成功した秘訣はなんですか？」

さて、作者の井上雄彦氏は何と答えたと思いますか？　指名 ≫
井上雄彦氏の答えは明確でした。それは……

2月

板書≫ 登場人物すべてに、必ず一つ欠点（短所）をつくること。

　私は、ものすごく納得しました。読んだことのある人はわかるかもしれませんが、登場人物の誰をとっても、必ず欠点（短所）が思い浮かびます。世の中に完璧な人間などいないわけですから、欠点（短所）が読者にも伝わるように描くことで、一人ひとりのキャラクターが愛され、ストーリーに没入できるようになったのでしょう。さらにその欠点（短所）は、憎まれたり、バカにされたりするのではなく、むしろ仲間から愛されているのです。

板書≫ 愛される短所

　あと1か月と少しで解散を迎えるこのクラスも、まるでSLUM DUNKのチームのようになったなぁと思います。「あの人の短所」…愛されていると思いませんか？　なぜ、短所が愛されるのか。私は、あなたたちが「違い」を大切にし、「違う考え」と出合うことを楽しんでいるからだと思います。

　違うことが恥ずかしくて、違うことを隠すようになったら、それはもう、欠点のない登場人物ばかりの「つまらない物語」の完成です。欠点が見えないということは、「みんな同じ」を好むので、長所も見えなくなるということですから。

　どうしても日本の社会は、短所を隠すことばかりに必死です。でもどうか、世界80億人の中であなたにしかない「あなたらしさ」を大切にしてください。「みんなちがって、みんないい」のです。

このお話に込めた「とっておきの話クリエイター」としてのこだわり

　この語りは、9月の語り（P.48）とも大きく関連します。9月では「違い」という言葉でその価値を共有しました。しかし、年度末の学級の解散に向けて、支持的風土が醸成された2月だからこそ、「違い」よりもさらに一歩踏み込んで「欠点」さえも愛し合える集団として価値付けていきたいものです。P.39の学級経営観でも述べた、「みんなちがって、みんないい」の解像度を上げていく仕上げに近い語りです。

23

「感謝」の大切さを伝える語り

我以外皆我師也

素材 吉川英治『宮本武蔵』

ポイント 3月はいよいよ学級を解散させるときを迎えます。様々な先生への感謝の気持ちを抱くときでもあるでしょう。なかには、ネガティブな印象を残しそうな「相手」がいる子どももいるでしょう。そんなときに「ハッ」とさせられるのは、自分の人生の主人公は自分以外にいないということだと思います。

いよいよ、あなたたちの「居場所」であった〇年〇組も解散のときを迎えます。

自分の居場所には、そこにあるもの、そして自分以外に多くの人がいます。居心地がよくないなあとか、つまらないなあと感じる居場所も、きっとこの先あるでしょう。そんなときに、自分以外の何かのせいにするのはとても簡単なことです。

例えば、新しく入ったバスケットボールチームで、居心地が悪いと感じたとき、「チームのメンバーのやる気がなくて嫌だ」「初心者ばかりで弱い」「コーチが怖いからやりたくない」「体育館が狭い」のように、自分以外の何かのせいにすることはとても簡単です。すべて事実かもしれませんが、そのことを理由に努力やチャレンジをやめてしまうのは、本当にもったいないことです。何かのせいにしても、人生は豊かに前進しないからです。

同じ状況でも、「（自分が）どうしたらみんなをやる気にさせることができるのか」「（自分が）みんなをリードしていこう」「怖いコーチだからこそ（自分が）もっともっと練習して、認めてもらえるようになろう」「体育館だけではなく、（自分が）声をかけて外でやろう」と、自分にできる努力やチャレンジをしようと思えるかどうかが、あなたの豊かな人生の扉を開く鍵になると思うのです。

あなたの人生の主人公は、いつだってあなただからです。

3月

また、それでも思うようにならないこともあるでしょう。そんなとき、ハッピーエンドに向かっていける土台となるのは、「感謝の心」だと思います。

年度末が近づくにつれて、専科の先生方に感謝の気持ちを伝えようと、友達に声をかけて寄せ書きなどの準備をしてくれた人がいました。

私は、感謝するかしないかは、相手に「ありがとう」という気持ちが湧いてくるかこないかで決めるべきではないと思っています。

板書 ≫ 我以外皆我師也

私の座右の銘の一つであり、小説『宮本武蔵』の中で作家・吉川英治が書いた言葉です。「心がけ次第で、自分以外のすべての人から何かしらのことを学べる」という意味です。

「感謝するかしないか」ではないのです。「感謝できる自分であるかどうか」なのです。自分が出会った先生や、友達など、すべての人から学ぼうという姿勢があるかどうかです。その姿勢は、必ずや「感謝の心」になります。逆に、「感謝しよう」と思ったところから、出会いの意味が生まれることもあるでしょう。

多くの人への「感謝の心」を土台にした人生は、それだけ多くの人との関わりを大切にした人生であり、多くの学びを得た豊かな人生です。

残り〇日の、このクラスでの生活に感謝を溢れさせ、あなたがあなたのままで生き生きと過ごせたことを互いに喜んで、新たな春を迎えましょう。

このお話に込めた「とっておきの話クリエイター」としてのこだわり

私が本章の最後の語りとして残したかったのは「感謝」です。感謝は強要されるべき行為では決してありませんが、教育者としては「感謝の意義」も実感を込めて語りたいことです。

「みんなちがって、みんないい」の実感があればこそ、「我以外皆我師也」という言葉の意味を深く理解できるはずです。そして、そのときに抱いた感謝の思いは、新年度のワクワクへとつながることでしょう。

生井先生の「とっておきの話」から 見つけられる"とっておき"

　生井先生は30代前半にして主幹教諭として、教務主任か生活（生徒）指導主任と担任を兼務されています。学級経営だけでなく、学校運営にも大きく関わる立場であり、若手教員とのOJTを重ねていらっしゃいます。ご著書を拝読すると、生粋の実践家教師ならではの内容でした。そんな生井先生の「とっておきの話」には、次の3点において"とっておき"を見つけられます。

　1つ目は、「挑戦」をテーマに、チャレンジャーとフォロワー（個と全体）の双方を育てようとされている点です。4月『挑戦したくなる教室』6月『ゾーンは広がる』11月『働くということ』では、誰もが安心して挑戦できる学級の雰囲気づくりができるように、「Sゾーン」をキーワードにして「とっておきの話」同士を線で結びつけていらっしゃいます。語りの系統性を生み出しているのです。

　2つ目は、学級の子どもたちの多様性を認めながら、ありのままの姿を肯定されている点です。「みんなちがって　みんないい」の精神を、7月『あなただからこそできること』9月『違いを豊かさに』2月『欠点はいらない?』において伝え、子どもたちに1年間を通して考えさせ続けていらっしゃいます。

　3つ目は、子どもたちにとって自分もまわりの人たちも安心できるような温かい語りをされている点です。5月『トイレに行っといれ!』12月『「障害」のない社会へ』1月『ストレスは人生の〇〇』3月『我以外皆我師也』は、子どもたちの不安を取り除き、ありのままの姿を肯定し、感謝の気持ちを持って明るく自分の人生を歩めるようなお話と言えます。「どの子にも安心して自分の人生を歩んでほしい」という生井先生の願いを読み取ることができます。

　10月『心は育つ』では、感性についても触れられています。3児の父をしながら野菜ソムリエというユニークな趣味をお持ちの生井先生だからこそ、「心（感性）を育てる」ことの重要性を理解し、語ることができるのでしょう。どのお話も生井先生だからこその感性豊かな「とっておきの話」でした。

第3章
田島先生の『とっておきの話』 1年の軌跡

田島広大。群馬県公立小学校教諭。「ICTで毎日を面白く。楽しく。」を信条に教育現場でのICT活用を推進している。道徳科と社会科の実践研究も行い、道徳教育の充実や情報活用能力の育成にも努めている。2024年5月から群馬県の教員として初のTeacher Canvassador（Canva認定教育アンバサダー）に就任。Google 認定教育者レベル2や Apple Teacher の資格も持つ。EDUBASE CREW。

私と『とっておきの話』　〜田島先生の語り観〜

　私には尊敬する先生がいます。教職2年目と3年目に一緒に働かせていただいたその先生は、まるで魔法のような力を持っていました。子どもたちはその先生の言葉一つひとつに勇気をもらい、思考を深め、生き生きと活動をしていくのです。同僚の先生たちも、その力強く温かい言葉に支えられ、多くのエネルギーをもらっていました。

　さらに、その先生は学級通信を通じて、子どもたちや保護者によりよい生き方のヒントを提供していました。私もその先生に憧れ、自分なりに話題を探し、学級通信を発行してきました。

　私にとって「とっておきの話」とは、その話を読んだ人々の生き方のヒントとなる可能性を秘めたものであり、その先生を追いかけ続ける証しでもあります。だからこそ、今回の企画に参加させていただきました。拙いながらも、自身の教職人生の経験が少しでもお役に立てれば幸いです。

私が学級経営で大切にしていること　〜線で語る視点から〜

　生きることは面白い。このメッセージを伝えたり、自分たちで感じてもらったりする。これが私の学級経営の根幹です。そのために「とっておきの話」を通して、大切にしたいことを語りかけたり、一緒に考えたりするようにしています。また、失敗を成長につなげ、挑戦し続ける雰囲気づくりも大切にしています。授業開きでは「温かい反応」を浸透させ、「まずはやってみ

る」「挑戦する」姿勢を大切にしていきます。また、学校生活では「プロジェクト活動」と称して、子どもたちが自ら考え、自分たちの力でクラスを盛り上げ、楽しい空間をつくっていく実践もしています。

　新学期当初は、子どもたちと伴走することを意識し、一緒に考え、アドバイスを送りながら寄り添います。しかし、徐々に委ねる場面を増やし、最終的には自分たちの力で学級を運営できるようにしていきます。その過程の中で、自分自身の人生を面白くしていく力が身につくよう支援していきます。

　3月の終業式に子どもたちから「このクラスは面白かった。次も自分たちの手で切り開いていく」という声が聞けたら、とてもうれしいです。

私の『とっておきの話』　1年の軌跡

よりよく生きる大切さを伝える

異共成楽
（い きょう せい らく）

素材 オリジナル

ポイント 学級開きとして、子どもたちと一緒に大切にしたいことを語ります。それらのキーワードの一文字をとり、オリジナルの言葉として提示します。覚えやすく親しみやすい形にすることで、1年間それらのキーワードを意識して学校生活を送ることができるよう、支援していきます。

　みなさんが日常生活の中で「面白い」と感じる瞬間はどんなときですか。例えば、友達と遊んでいるとき、新しいことに挑戦しているとき、何かを成し遂げたとき……。きっとそれぞれ「面白い」は違いますよね。

提示 》》「生きる＝面白い」と書かれたカード

　先生は、みんながこのクラスにいて、「生きるって面白いなぁ」と感じられるようにしていきたいと思っています。ここでいう「面白い」とは、「このクラスだったら勉強や運動、学校生活に前向きに取り組むことができる！」「仲間のその考えとてもいいなぁ！」といった気持ちを感じられるということです。では、それらの感情を得られるようにするためには、どのようにしたらよいのでしょうか。

生きる＝面白い

異	異なり	人はみんな違うから面白い
共	共存	みんなで生きていく面白さ
成	成長	「わかる」「できる」を味わう
楽	娯楽	コミュニケーションを楽しむ

提示 》》「異」「共」「成」「楽」と書かれたカード

　これらの言葉は、みんなと大切にしていきたい4つのキーワードから一文字ずつ取ったものです。それぞれどんな文字だと思いますか？ **指名 》》**

提示 》》「異」のカードの横に「異なり・人はみんな違うから面白い」と書かれたカードを置く

　まわりの人の顔を見渡してください。みんな違う顔や考え方をしていますよね。人間は一人ひとり異なる存在だからこそ、そこに面白さが生まれるのです。だからまず、相手を尊敬し、認め合っていきましょう。

提示 》》「共」のカードの横に「共存・みんなで生きていく面白さ」と書かれたカードを置く

　人間は一人では生きていくことができません。「異なり」を持った人間同士が支え合って生きています。そんな支え合う関係づくりに面白さを感じていきましょう。

提示 》》「成」のカードの横に「成長・『わかる』『できる』を味わう」と書かれたカードを置く

　「できるようになった！」と成長を喜び合えるクラスにしていきましょう。そして失敗を恐れずに、新しいことに挑戦してみましょう。

提示 》》「楽」のカードの横に「娯楽・コミュニケーションを楽しむ」と書かれたカードを置く

　ここまでのキーワードだけだと少し息苦しさも感じますね。だからこそ「コミュニケーション」や「レクリエーション」を通してみんなで楽しんでいきましょう。

　3月に解散するときに、みんながどのようなクラスをつくり上げているか、今から楽しみです。

このお話に込めた「とっておきの話クリエイター」としてのこだわり

　「異共成楽」は、私の造語です。毎年、子どもたちと4月や学期の節目で確認をします。驚くことに時間が経っていても、子どもたちに問いかけると、全員が大切にしたい4つのキーワードを回答できます。ですから、1年間のあらゆる場面で指導に生かしていきます。記憶に残る言葉を提示したり、一緒に作ってみたりしてはいかがでしょうか。

25

物事を探究する大切さを伝える

勉強は登山

素材 オリジナル

ポイント 勉強のゴールを登山の山頂に見立てます。その過程の中で、様々な道でその頂上にたどり着くことを提示していきます。

板書》》山の上に旗が立っている絵を描く

山の頂上に旗が立っていますね。この旗が立っている場所が私たちの目指すゴールだとしましょう。

板書》》山の麓から頂上に向けて一本の道を描く

この山の麓から頂上までの一本道は、ゴールまでの最短ルートです。誰しもがこの道を通って、できるだけ早くゴールにたどり着きたいですよね。しかし、もし、この道が通れなくなってしまったら、どうすればよいでしょうか？

板書》》先ほどの一本の線に×を書く

例えば、この道が何らかのトラブルで通れなくなってしまいました。みなさんならどうしますか？ 指名》》

板書》》山の側面に曲がりくねった道を描く

例えば、他の道を歩いて頂上を目指す方法もありますね。山の側面に曲がりくねった道を見つけたとしましょう。この道だと頂上にたどり着くかもしれませんが、先ほどの一本道よりも時間がかかってしまいそうですね。

板書》》山の側面に先ほどよりも短い道と登山家を描く

　登山の経験がある人が現れて、より近い道を教えてくれることもあるでしょう。その場合、先ほどの曲がりくねった道よりも早く頂上に着くことができますね。さらに、その人の経験に基づいた情報ですから、ゴールへの確実な道が開けたとも言えるでしょう。

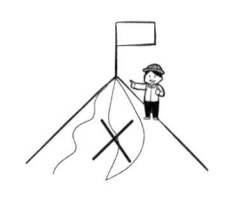

演出》》教科書を持ち、みんなに見せる

　実はこの登山のたとえ話、勉強にも通ずるところがあります。みなさんが、「なぜだろう」という意識を持ち、その解決に向かうときを想像してみてください。一つの方法だけではなく、様々な方法を知っていればそれらを組み合わせてゴールを目指すことができます。また、その方法は別の課題で役立つことがあるかもしれません。

　さらに、一人で解決するよりも、他の人から教えてもらうことが必要になる場面もあるでしょう。反対に教える側の人は、自分の思考を整理しながら、その人の助けになるようわかりやすく伝える必要があります。

　様々な道を使って考える力を伸ばしながら、自分や仲間の成長につなげていけるといいですね。

このお話に込めた「とっておきの話クリエイター」としてのこだわり

　このお話のこだわりポイントは、困難に直面したときの柔軟な思考と協力の重要性を伝えることです。一本道が通れなくなったとき、他の道を探す工夫や、経験者からの助言を活用することで、目標に到達する方法を学びます。勉強や日常生活にも応用できる教訓を含んでいます。

26

自立を目指す大切さを伝える

本物の力

素材 かつての同僚から教えていただいたお話

ポイント 善悪の判断を身につけ、「自分で自分の行動を決められる人」になってほしいと考えています。そこで、本物の力という言葉の意味を一緒に捉え、時と場合に合わせて、他者に依存しない行動について考えていきます。

提示》》 4 〜 5 月に出会った先生や普段の授業、学校生活などの写真

新学期が明けてから、早くも 2 か月が経ちましたね。みなさんはこの間、たくさんの新しい出会いや出来事に触れてきました。そして、少しずつ担任の先生から離れ、自分たちで考えて行動する場面も多くなってきましたね。そんな中で、先生はこんな言葉を意識するようになってきました。

板書》》「本物の力」

みなさんは、本物の力とはどのような力だと思いますか。 指名》》

これは、ただの知識や技術だけでなく、どんな状況でも発揮できる力のことです。

提示》》「いつでも」「どこでも」「だれとでも」

本物の力は、「いつでも」「どこでも」「だれとでも」出せる力のことです。「いつでも」とは、どのような授業や生活の場面でも発揮できる力です。「どこでも」とは、学校の中や外にかかわらず、発揮できる力です。「だれとでも」とは、どのような人の前でも発揮できる力です。例えば、友達や先生、家族だけではなく、初対面や年齢の異なる人もいることでしょう。では、この本物の力はどのような方向を目指していったらよいのでしょうか。

提示 》》「自立」

　最終的に目指してほしいのは「自立」です。自立とは、言い換えると「自分で自分の行動を決められること」です。そのためには、何が善いことで何が悪いことなのかを判断できるようにならなくてはなりません。つまり、自分の心を自分でコントロールし、よりよく生きるための行動を起こせることが大切です。

　もちろん、人間ですから「弱い心」や「誘惑」に抗うことができない状況もあるでしょう。「それを完璧になくそう！」というのは、難しいですよね。

　学校生活では、その自立に向けて、本物の力を磨く場面がたくさんあります。新しいクラスでの生活に慣れてきた今だからこそ、本物の力を目指して、みんなで日々頑張っていきましょう。

このお話に込めた「とっておきの話クリエイター」としてのこだわり

　6月ごろになってくると、子どもたちが新しい環境に慣れ始め、場合によって力を抜く子も現れ始めます。しかし、子どもたちは近い将来、保護者のもとを離れ、自立していくことになります。その見通しを一緒に考えることで、時と場合に合わせて、他者に依存しない力を身につけられるようにしていきます。

27

節度を守り、心がける大切さを伝える

楽しさの種類

素材 オリジナル

ポイント 長期休みに向けて、「楽しさ」には種類があることを捉えられるようにします。「瞬発力のある楽しさ」と「積み上げる楽しさ」のバランスを意識しながら、自分の行動が選択できるよう促します。

7月

板書》》「楽しさの種類」

　先生は、「楽しさ」には種類があると考えています。みなさんはどのような種類の「楽しさ」があると思いますか。指名》》

提示》》①瞬発力のある楽しさ

　まず1つ目は、「瞬発力のある楽しさ」です。例えば、「ゲームをすること」「漫画を読むこと」「テレビを見ること」「遊ぶこと」などがこれに当たります。これらはすぐに楽しさを感じることができる活動で、みなさんもイメージしやすいのではないでしょうか。この楽しさは、日常生活において気分転換やリフレッシュの役割を果たし、人生を豊かにするために大切です。しかし、この「瞬発力のある楽しさ」には弱点もあります。瞬間的には楽しいのですが、その楽しさは一時的で持続的な満足感を得るのは難しいことが多いのです。

　次の楽しさの種類も見ていきましょう。

提示》》②積み上げる楽しさ

　次に紹介するのは「積み上げる楽しさ」です。具体的には、「勉強をして、わからなかったことがわかるようになる」「友達と交流を続けることで、少しずつ仲良くなる」「反復練習することで、運動ができるようになる」など、自分の努力によって成長していく場面がこれに当たります。努力を積み重ねることによって、大きなこと

を成し遂げるうれしさにつながることでしょう。しかし、この「積み上げる楽しさ」にも弱点があります。それは、「瞬発力のある楽しさ」と比べて、その効果が実感しにくいという点です。じわりじわりと楽しさが広がっていくため、継続しないとその楽しさを感じることが難しいのです。

この２種類の楽しさについてみなさんはどちらが大切だと思いますか。**挙手≫**

実は、どちらも大切なのです。そして一番大事なのは、そのバランスです。「瞬発力のある楽しさ」だけ追い求めても持続的な楽しさにはつながりません。「積み上げる楽しさ」だけでは、途中で苦しくなってしまうことがあります。

両方の良いところを自分で上手に選択し、バランスを取りながら楽しむことで、豊かな人生を築いていくことができるでしょう。みなさんも、自分にとっての「楽しさ」を見つけ、そのバランスを大切にしていってください。

このお話に込めた「とっておきの話クリエイター」としてのこだわり

私の場合、このお話は、長期休みの前に語りかけることが多いです。子どもたちにどちらが大切かを問いかけると、「積み上げる楽しさ」を選択することが多いのではないかと推測します。しかし、私たちの人生を振り返ってみると、両方の楽しさのバランスが大切なのではないでしょうか。自由に使える時間が増えるからこそ、この２種類の楽しさを意識しながら、自分の行動を選択できるようになってほしいと考えています。

28

努力して物事をやり抜く大切さを伝える

点と点をつなげる

[素材] スティーブ・ジョブズ「スタンフォード大学卒業式演説」

[ポイント] 日々の努力や取り組み、そして経験がいつか人生の中で大きな意味を持ち、それらが線となり面となってつながることが捉えられるように子どもたちの前で図解を行います。

[板書]》大きな円を描く

この円の中に色を塗ることを日々の努力や取り組みとします。そして、この円に色が塗り終われば、自分の将来やりたいことが達成できるとします。すると、みなさんがやっている日々の取り組みや努力はどのくらいの色を塗ることができるのでしょう。

将来やりたいこと

[板書]》大きな円の中にたった一つの点を打つ

おそらく、私たちの努力や取り組みはたったこの一つの点に過ぎないかもしれません。例えば将来、先生という職業になりたい人がいたとすれば、算数の一回の授業を受けただけでは達成することはできませんね。しかし、確実に一つの点になり得るでしょう。そして、この点はこのように変化することがあります。

[板書]》大きな円の中にもう一つ点を打ち、先ほどの点とつなげる

我々の日々の努力や取り組みはつながって線になることがあります。そしてやがて、線と線がつながり、面となっていきます。そのようにして、さらに広い範囲に色を塗ることができるのです。

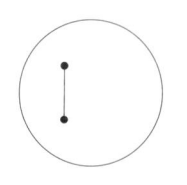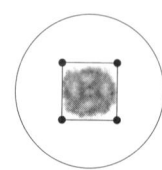

しかし、この点と点のつながりは、後になって気づくことがほとんどです。

この「点と点をつなぐ」という言葉は、アップル社の創業者スティーブ・ジョブズのものでした。招待されたスタンフォード大学の卒業式で行ったスピーチの中で使われた言葉です。彼は、自分の人生の中で起こった様々な出来事が、後になって見ると意味のあるつながりを持っていたと語りました。例えば、大学を中退した後も、文字の形の授業に興味を持って参加しました。そのときに学んだ美しい文字は、後に開発したコンピュータに採用されました。彼は、「今やっていることがどこかにつながると信じてください」と卒業生に向けてメッセージを送りました。

みなさんにも、そんな点と点をつなげる経験があると思います。例えば、学校で習ったことが、生活や遊びに役立ったり、好きなことで得た知識や技が、授業やテストに生かされたりすることがあるでしょう。また、友達や先生との関わりや、家族や地域とのつながりが、自分の心を育てたり、夢や目標を見つけたりすることに影響を与えることもあるでしょう。

私たちの人生にも、様々な点があります。それらの点は、一見無関係に見えるかもしれません。しかし、それらの点は、私たちの人生の中で必ず何かの意味を持っています。点と点は後になってつながります。そんな希望を持って、高みを目指していきたいですね。

このお話に込めた「とっておきの話クリエイター」としてのこだわり

　私が尊敬するスティーブ・ジョブズの語った言葉を自分なりに咀嚼し、図解するという方法をとってみました。いつかあなたの取り組みがどこかでつながるというポジティブなメッセージになったらいいなと考えています。

29

親切のしずく

[素材] かつての同僚から教えていただいた話

[ポイント] 自分から起こした親切が人の心を温めるとともに、その輪が幾重にも広がって世界をよりよくしていきます。そんな輪を起こしたり、その輪の中に入ったりすることのできる幸せを「水の波紋」のたとえを使って考えていきます。

掲示 ≫ 一滴のしずくが水面に落ちる写真

これは一滴のしずくが水面に落ちた写真です。この後、水面はどのように変化していくと思いますか? **指名** ≫

提示 ≫ 一滴のしずくから、水の波紋が広がる写真

そうですね。「水の波紋」といって、真ん中から輪を描くように穏やかに波が広がっていきます。そして、この水の波紋は外へ外へと広がり、真ん中に戻ってくることはありません。

例えば、最初のしずくを「あなたの親切な行為」だとしましょう。その輪は幾重にも広がり、あなたが親切にした相手の心を温かくしていくことでしょう。

10月

　しかし、先ほども言ったように、水の波紋が真ん中、つまりあなたに戻ってくることはありません。では、親切は自分のためにはならないのでしょうか。

掲示 》》水の波紋と波紋が重なり合う写真

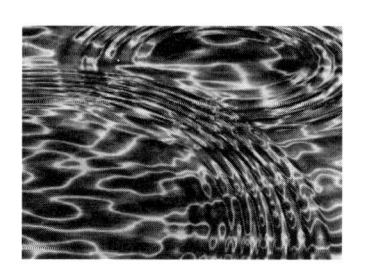

　しかし、人間の世界では写真のようなことが起きます。あなたが親切にした人が、「親切のしずく」を落とし始めるのです。つまり、他の人に親切にすることによって、その輪を広げていくのです。そして人から人へ、また人から人へと広がっていきます。たくさんの水の波紋のように、穏やかに確実に広がっていくのです。

　この水の波紋は必ずしも自分に戻ってくるとは限りません。自分に届かない遠くで親切の輪が広がり続けることもあります。時々、時間差となってあなたのところに届くこともあります。そして、たとえあなたのところに直接その輪が戻ってこなくても、そんな思いやり溢れる輪の中に、自分や自分の大切な人、そして世界中の人たちが入ることができたら幸せですよね。

板書 》》親切のしずく→幸せの輪

　そう、自分から始めた親切の輪はあなたの世界を確実によいものにしていくのです。自分からスタートする「幸せの輪」です。自分からたくさん始め、広げていきたいですね。

このお話に込めた「とっておきの話クリエイター」としてのこだわり

　「情けは人のためならず」という言葉の意味を身近な「水」を使って表現してみました。親切が回りまわって、周囲の人の心を温めたり、直接的にも間接的にも自分のもとへ返ってきたりすることを考えられればいいなと思っています。

30

明るい心で生活する大切さを伝える

変化をつける

素材 オリジナル

ポイント 日々の生活に少しだけ変化をつけると、人生が面白くなっていくことを一緒に考えられるようにします。

次のような条件のゲームがあったらどうでしょうか。

提示 ≫

・キャラクターのレベルやゲームの難しさは一向に変化しない。

・どこに行っても同じキャラクターしか出現しない。

・毎回、同じ道具や技しか使えない。

このようなゲームがあったらとてもつまらないですよね。では、このゲームを面白くするには、どのようにしたらよいでしょう。指名 ≫

板書 ≫ 変化→刺激→面白い

　ゲームの世界でも、私たちの世界でも、新しいことがあると、ワクワクしますよね。例えば、新しいステージに挑戦したり、新しいアイテムを手に入れたりすると、もっとゲームが楽しくなることでしょう。そういった変化があることで、そこから多くの刺激を受け取り、面白さへつながっていきますね。実はこれ、私たちの日々の生活にも同じことが言えるのです。つまり、日常生活の中にも新しいことや小さな変化を取り入れることによって、人生がもっと面白くなっていくということなのです。

11月

では、みなさんの毎日の生活の中で、習慣的に行っていることは何ですか。

指名 》》

板書 》》 子どもたちから挙がった意見を整理する
[予想される子どもの意見]
・宿題　　・読書　　・運動　　・習い事　　・掃除

　例えば、毎日の学習があります。いつも同じ教科や問題を解いていたら、すぐに飽きてしまいますし、自分の成長につながらないことでしょう。そんなときは、視点を変えて、新しい学習方法を試してみたり、興味のあることを深く掘り下げてみたりするのもよいでしょう。また、仲間と教え合ったり、一緒に問題を解いたりするのも、勉強をより楽しくしてくれるはずです。

　掃除の時間もそうです。いつもと違う場所を掃除してみたり、丁寧に磨いてみたりするだけでも、新鮮な気持ちで取り組むことができます。他にも、いつもと少し違う種類の本を借りて読む、遊びの種類や場所を変える、あまり関わったことのない人に話しかけてみるなどたくさんの変化のつけ方がありますよ。

　日々の生活に少しだけ変化をつけて、人生を楽しんでみませんか。

このお話に込めた「とっておきの話クリエイター」としてのこだわり

　大きな学校行事を終え、何を楽しみにしたらよいのかわからなくなることがあります。そこで、子どもたちの生活に身近な「ゲーム」を使って「とっておきの話」を作ってみました。このお話において、重要な場面は、子どもたち自身の言葉で語ってもらうことだと思っています。場合によっては、まとめたものを掲示し、後で確認できるようにするのもよいかもしれません。

31

公共のために役立つ大切さを伝える

ツバメ

素材 オリジナル

ポイント 相手が本当に喜ぶような言葉をかけ、自分も幸せな気持ちを感じることができる人のよさについて考え、自らが主体となって生きる喜びを見出す価値について考えるようにします。

提示 》ツバメのイラストまたは写真

みなさんはこの鳥を知っていますか。そうです。ツバメですね。ツバメは春になると、南の国からやってくる小さな鳥です。そして、毎年、同じ場所に巣を作って、子育てをするのです。

提示 》ツバメの巣のイラストまたは写真

ツバメの巣には、親ツバメと子ツバメがいます。それぞれ、どのようなことができると思いますか。

親ツバメは、自分の翼で大きな世界を飛び回り、好きなエサを見つけて生活しています。そして、子どもの成長を喜びながら、エサを運びます。

子ツバメは、親ツバメに大切に育てられます。愛情をもらい、すくすくと育っていきます。しかし、自分の空腹を満たすためには親ツバメに頼るしかありません。また、飛行能力もないため、自分の行きたい方向へ自由に飛び回ることはできません。

これを人間に当てはめてみましょう。

12月

板書 》》「親ツバメ＝与える人」

　親ツバメは「与える人」です。つまり、相手が本当に喜ぶような言葉をかけたり、人の時間を幸せにデザインしたりすることで、自分も幸せな気持ちを感じることができる人です。例えば、友達が困っているときに助けたり、誰かのために何かをしたりすることで、その人が笑顔になると、自分もうれしくなりますよね。仲間の喜びを自分の喜びとして捉え、自らそれを作り出すことができる人です。

板書 》》「子ツバメ＝もらう人」

　子ツバメは「もらう人」です。つまり、他の人がデザインした空間の中で生きていくことになります。ここでは、自分の幸せが他の人次第です。しかし、いつまでもそれを続けることはできません。そういった空間の中で自分を成長させ、親ツバメを目指していきます。しかし、子ツバメも親ツバメに幸せを与えているのですから、大切な存在だと言えることは心に留めておいてください。

　みなさんも確実に親ツバメに近づいていますよ。「人に与える人」になるとクラス全体がもっと面白く、素敵な場所になります。自分からアイデアを出して、みんなで協力してプロジェクトを進めていくことで、もっともっと楽しい時間を作り出すことができますよ。〇〇（教室での具体的な場面を取り上げる）など、様々な場面でみなさんの活躍を期待していますね。

このお話に込めた「とっておきの話クリエイター」としてのこだわり

　　2学期もいよいよ終わりを迎える頃です。残りの学校生活も自身が主体となって活動したり、年末年始における家族の中での役割を意識して行動したりすることができるよう「与える人」の重要性について説いてみました。注意したいのは、子ツバメも大切な存在なのであり、自立を目指す子どもたちの存在も同時に尊いものであることは、絶対に押さえてほしいポイントです。

32

努力を積み重ねる大切さを伝える

大空へ飛び立つ

素材 オリジナル

ポイント 1学期や2学期の積み重ねを基に、次のステージでの活躍につながる3学期になるよう子どもたちの背中を押していきます。

提示》飛行機のイラストまたは写真

これは飛行機です。みなさんは飛行機が離陸するとき、どのくらいの速度なのかを知っていますか。飛行機の大きさや搭乗人数、燃料の搭載量にもよるのですが、時速約240〜300㎞なのだそうです。自動車が一般道で時速60㎞ですから、4倍以上のスピードとなります。とても速いですね。そして、飛行機が空に飛び立つ前には、必ず助走を取ります。長い滑走路をものすごいスピードで駆け抜け、大空へと羽ばたいていくのです。

板書》「3学期は最後の助走期間」

さて、みなさんの学校生活に話を移していきます。考えてみると、3学期は次学年へ大きく羽ばたくための最後の助走期間とも言えます。これまで1学期と2学期では、スピードを上げるために様々な経験をしてきました。だからこそ、その勢いを落とさぬまま、次学年へ力強く駆け抜けていってほしいのです。しかし、空に飛び立つ乗り物はこれだけではありません。

提示》 ヘリコプターのイラストまたは写真

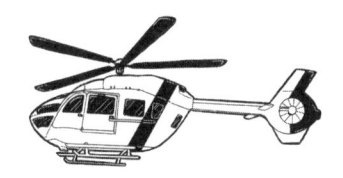

　これは、ヘリコプターですね。ヘリコプターは、飛行機のように助走を必要としません。ヘリコプターはローターと呼ばれる回転翼を回転させ、揚力を得て、その場から真っ直ぐ上に飛び立つことができる乗り物です。

　つまり、みなさんに言い換えると、何かのきっかけで急に成長することもあるかもしれないということです。しかし、頑張って回転翼を回さないことには、大空に飛び立つきっかけにはなりません。

　どんなに小さな一歩でも、それが大きな飛躍につながるということです。最後の3学期をみんなで駆け抜けていきましょう。

このお話に込めた「とっておきの話クリエイター」としてのこだわり

　3学期は次の学年の0学期に例えられます。次のステージの弾みになるよう、前向きに努力を積み重ねていくことができる心構えについて一緒に考えていきます。そこで、わかりやすいたとえとして、飛行機の助走からの離陸やヘリコプターの垂直離陸を取り上げることにしています。大空に飛び立つ子どもたちの姿を夢見て……。

明るい心で生活する大切さを伝える

太陽の光

素材 有田秀穂『医者が教える疲れない人の脳』（三笠書房）

ポイント どんなにつらいことや悲しいこと、意欲が出ないことがあっても私たちはそれを乗り越えることができる。そんな前向きなメッセージを一緒に考えていきます。

提示 》》太陽の光の写真

これは太陽の光の写真です。みなさんも毎日のように太陽の光を浴びていますね。太陽の光は、人間の体にどのような良い効果を与えると思いますか。

板書 》》太陽の光の効果

有田さんは著書『医者が教える疲れない人の脳』の中で、太陽光を浴びることで脳内のセロトニンという物質の分泌が促進され、気分の安定やストレス軽減につながるとおっしゃっています。つまり、太陽の光は私たちの脳に良い影響をもたらすのです。

板書 》》「晴れ晴れとした気持ち」

さて、みなさんはこの言葉を聞いたことがありますか。この気持ちを顔文字で表すとすると、どのような表情になるでしょう。

指名 》》黒板ににっこりとした表情の顔文字を書いてもらう

そうですね。「晴れ晴れとした気持ち」とは、先ほどの太陽の光の効果のように心がすっきりとして明るいことを表しています。

板書 》》「どんよりした気分」

2月

では、この言葉を顔文字で表すとすると、どのような表情になると思いますか。

指名≫黒板に悲しげなやる気の出ない表情の顔文字を書いてもらう

　そうですね。「どんよりした気分」とは、曇り空のように心が重く、やる気が出ない様子を表します。天気が曇っているとき、太陽の光が届きにくく、薄暗い様子になりますね。みなさんもこのような気分になるときがあるのではないでしょうか。では、この曇りの天気のとき、その雲の上はどのようになっていると思いますか。

提示≫曇天時の雲の上の写真

　実は、雲の上は晴天なのです。澄み渡るきれいな空と降り注ぐ太陽の光で輝いています。つまり、たとえ「どんよりした気分」になったとしても、いつかその雲はどこかへ去っていき、私たちの前には「晴れ晴れとした気持ち」がやってきます。悲しいとき、やる気が出ないときでも、いつか心がすっきりとして明るい気持ちになることができると信じて、前向きに生活していきたいですね。

このお話に込めた「とっておきの話クリエイター」としてのこだわり

　学年も残すところあと2か月となります。次の学年や新しい環境がもう目の前です。そういった環境の変化に不安をもつ子どももいるでしょう。しかし、必ず私たちの心は晴れ晴れとした気持ちにすることができます。そんな前向きなメッセージを受け取ってほしいと思い、作成しました。

34

よりよく生きる大切さを伝える

世界はよくなっている

[素材] ハンス・ロスリング他『FACTFULNESS 10の思い込みを乗り越え、データを基に世界を正しく見る習慣』（日経BP）

[ポイント] データに基づいて「世界はよくなっている」という視点を解説するとともに、クラスでのテーマについて振り返り、最後には子どもたちの幸せを願うメッセージを送ります。

[板書]》》「世界はよくなっている」

　みなさんは「世界はよくなっている」と言われたら信じることができますか。それともできませんか。[挙手]》》

[提示]》》世界の平均寿命、識字率、安全な水を飲むことができる人の割合など、書籍に掲載されているデータの紹介

　単なる願望や理想で先生も提示したわけではありません。世界的に信頼できるデータに基づいて「世界はよくなっている」という考え方が提唱されています。

　人間はネガティブなことが起こったとき、その事実を実際よりも大きく捉えがちなのです。実際の世界では、ポジティブなこととネガティブなことは同時に起きているのです。

[板書]》》自分の人生をよくするのは → [自分自身]

　では、「世界はよくなっている」という立場をとったとき、自分の人生をよくしていくのは誰なのでしょうか。もちろん、それは自分自身ですね。自分の人生を面白くしていくコツとして、1年間お話ししてきた『異共成楽』があります。『異なり』『共存』『成長』『娯楽』でしたね。これからも、周囲とうまく人間関係を築きながら、自分が面白いと思うことに突き抜けたり、範囲を広げたりしてください。

3月

演出 ≫「次がこの1年間で最後のお話です」と語り、ゆっくり一人ひとりを見る

『面白い』という気持ちにはとても大きなパワーがあります。人間は、面白いと感じられることを進んで行います。そして進んで行ったことは自然と自分の力になっていきます。勉強でも運動でも、何でも楽しんでしまえば、確実に君たちの力になっていくものだと信じています。見方を変えると、苦手なことでも「これを面白くできたら、自分の成長につながるかもしれない」とか「ここだけは楽しそうだから頑張ってみよう」と思うことができたらならば、大きな力を得ることができます。

板書 ≫「生きる＝面白い」

これから先、「世界はよくなっている」ことと「生きる＝面白い」ということを思い出して、自分の人生をよりよいものにしていってください。

先生はいつまでも応援しています。また会う日まで。

このお話に込めた「とっておきの話クリエイター」としてのこだわり

1年間の集大成のお話です。子どもたちが未来に希望を持ち、1年間追い続けてきた「生きる＝面白い」というテーマが、必ず人生をよくしていってくれるというメッセージを送り、締めくくります。学級通信の最終号や卒業文集で何度か発行してきました。巣立っていった教え子たち、元気にしているかなぁ……。また会いたいです！

田島先生の「とっておきの話」から
見つけられる "とっておき"

田島先生は、ICT関連の発信が多い先生です。その裏付けとなる確かな資格もお持ちで、教育現場での実践経験も豊富にあります。実践する際にはいつも「毎日を面白く。楽しく。」を信条にしている先生です。これはICT活用だけでなく、田島先生の教育観の根幹として、さらに言うと田島先生ご自身の人生観の根幹として位置付けられているように感じました。そんな田島先生の「とっておきの話」には、次の3点において "とっておき" を見つけられます。

1つ目は、素材に憧れと尊敬の気持ちが溢れていることです。登山や大空、親ツバメのたとえは憧れを象徴しています。スティーブ・ジョブズへの尊敬の気持ちも伝わります。そして何より、同僚の尊敬する先生への憧れを感じます。きっとこれまで田島先生が憧れや尊敬の気持ちを抱いてきた人たちが、「毎日を面白く。楽しく。」生きておられたのでしょう。目の前の子どもたちにも、憧れの人たちのように生きてほしいという願いでお話づくりをされていることが伝わってきます。

2つ目は、「毎日を面白く。楽しく。」生きるために、4月の話で打ち出した「異共成楽」を合言葉に1年間の語りを貫かれている点です。「異なり」は5月『勉強は登山』、「共存」は10月『親切のしずく』12月『ツバメ』、「成長」は6月『本物の力』9月『点と点をつなげる』1月『大空へ飛び立つ』、「娯楽」は7月『楽しさの種類』11月『変化をつける』2月『太陽の光』においてそれぞれの価値を伝えています。ただ価値を伝えるだけではなく、子どもたち自身の力で「異共成楽」を実現できるようにも意識されています。

3つ目は、自分を取り巻く世界を前向きに捉えられるようなメッセージを送り続けている点です。「異共成楽」を実現する上で立ちはだかる壁（困難や失敗等）を前に、人は世界を悲観的に見てしまいそうになります。3月『世界はよくなっている』では、それでも前向きに生きてほしいと語りかけています。

憧れと尊敬の気持ちを大切に「毎日を面白く。楽しく。」を信条にしてきた田島先生だからこそ、子どもたちの背中を押し続ける「とっておきの話」でした。

第4章

糟谷先生の『とっておきの話』
1年の軌跡

糟谷先生のプロフィール

　糟谷樹里。これまで、仕事、家事、育児に追われ、家と学校を往復する毎日でした。子どもの不登校とコロナ禍を機に、自分の人生を見直し、学びにシフトチェンジしました。現役の小学校教員を続けながら、現在夜間大学院に在籍しています。道徳授業が大好きで、教材研究会を開いたり、記録を発信したりしています。LINEコミュニティ「東北の先生応援！学び場チャット」を主宰しています。雑誌「道徳教育」「教育研究」「月刊生徒指導」などに執筆経験があります。

私と『とっておきの話』　〜糟谷先生の語り観〜

　私は、子どもが2人います。結婚して早くに子どもを産み、自分なりにきちんと育てようとしましたが、余裕がなく、がみがみと叱ることが多くなりました。あるとき、子どもが私の顔色をうかがいながら言うことを聞いているのに気づきました。その姿を見て、私は自分の言葉が子どもにどう響いているのかを深く考えさせられました。教壇では、冷静に子どもの人生を考えて対応することができます。しかし、家庭では子どもの人生を自分の責任と感じ、落ち着けなくなるのです。その結果、家庭では広い視点で子どもを見て理解する余裕がなく、言葉が一方的で心に響いていなかったのです。語りとは、一方的なやり取りではなく、お互いが考えるきっかけをつくるものだと気づきました。語り手の知識や経験を生かして、聞き手と一緒に考える機会をつくることが語りの本質です。言葉を通じて相手の心に触れ、その人の考えや感情を理解しようとすることは、深いつながりを築くために大切です。学校でも家庭でも、心に響く語りを目指して、私はこの原稿を書きました。語りの力を信じ、日々の生活や教育現場で実践することで、子どもたちの世界が広まり、新しい理解が進むことを願っています。『とっておきの話』を通じて、語りの力を広め、親としても教育者としても、共に成長していきたいと思います。

私が学級経営で大切にしていること　～線で語る視点から～

　私が学級づくりで大切にしていることは、多様な見方を大切にし、他の人の考えを理解することです。友達が違う背景や経験を持っていることを理解し、それぞれの視点から学ぶことの大切さを伝えています。他の人の考えを尊重することで、共感する力が育ち、お互いを支え合えるようになります。

　次に、自己理解を深めることを大切にしています。自分自身を理解し、大切にすることで、他者への思いやりも自然と生まれます。この過程を通じて、自分と他者を大切にする心が育ち、健全な人間関係の形成を促します。

　さらに、子どもたちがよりよい成長に向かって進めるように支援することも教師の重要な役割だと考えています。新しい挑戦を恐れずに受け入れ、失敗から学び、自己成長を追求する姿勢を育てたいです。今後、「VUCAな時代」で未知の問題に立ち向かう子どもたちが柔軟性と創造力、粘り強さを身につけ、力を養えるように支援したいのです。相互理解や自己理解のもとに、学級の行事や日々の活動を通じて、困難や問題解決に取り組む姿勢を養い、子どもたちの成長を促していきたいと考えています。

私の『とっておきの話』　1年の軌跡

自分の心を調整できる大切さを伝える

笑顔の力

素材 ウィリアム・ジェームズ（アメリカの心理学者）の言葉

ポイント 出会いの時期です。朝、実際に、笑顔をつくる場面をつくることで、お互いの気持ちが上昇していくのではないでしょうか。

提示 》 **笑顔のイラストか写真**

　みんな、この写真の人がなぜ笑っているかわかるかな。 指名 》

　そうだね、何か楽しいことがあったから笑っているのだと思うよね。

　でもね、この人は、何もなくても笑っているのです。

板書 》 **「楽しいから笑うんじゃなくて、**
　　　　　 笑うから楽しくなる」

　アメリカの有名な心理学者さんが言っていることです。つまり、笑顔を作ると自分の気持ちも明るくなるということです。

提示 》 **笑う門には福来る**

　これは、日本の古いことわざです。どういう意味かわかりますか？ 指名 》

板書》》「笑顔や笑いが多い家や場所には幸せが訪れる」

　そうですね、笑顔は、自分だけじゃなくて、まわりの人にも幸せを運んでくれるのですね。

　笑顔は言葉よりも速く、心を伝えることができるのですね。

　だから笑顔でいると、自分もまわりも幸せになれますね。

　たとえ今日が大変な日でも、笑顔を忘れないでくださいね。笑顔は小さいけれど、大きな力を持っているのですよ。

　みなさん、ちょっと笑顔になってみましょう。せえの！

活動》》お互いに、笑顔のまま、顔を見合わせる

　みなさん、ありがとう！

　みなさんの素敵な笑顔の力で、先生も今日一日、元気に頑張れそうです。

　みなさんの笑顔は、人を幸せにしてくれます。朝に、家族や友達に笑顔で「おはよう！」って言えたら、幸せを運んでいる人にきっとなれますよ。

このお話に込めた「とっておきの話クリエイター」としてのこだわり

　朝、子どもたちは様々な思いを抱えて学校に登校します。ある子は楽しみにしているかもしれませんが、別の子は心配や不安を感じているかもしれません。

　笑顔は単なる表情の一つではありません。心理学の研究によれば、笑顔を作ることで脳は「幸せホルモン」を分泌します。ストレスを軽減し、気分を向上させる効果があることがわかっています。また、笑顔は他人に対しても良い影響を与えます。笑顔で接することで、相手も自然と笑顔になり、明るい感情が連鎖的に広がるのです。

　このお話を通して、笑顔の効果を感じてもらいたいと思います。

36

成長する主人公

5月

[素材] RPGゲーム

[ポイント] 学びが本格化する5月。RPGゲームのたとえを通じて、学びの楽しさを伝え、自ら学ぶ意欲を育みたいと思います。

[板書]≫「RPGゲーム」
[提示]≫強そうな勇者のキャラクターの絵

「RPGゲーム」とは、どんなゲームですか？ [指名]≫

　そうですね。敵と戦って、自分のレベルを上げ、目的を達成するゲームですね。冒険を通してキャラクターを成長させます。でも、最初から全部うまくいくわけではありません。

[提示]≫ボロボロの服を着た装備のないキャラクターの絵

　これは、勇者の最初の姿です。お金もないので、装備も買えません。弱いので、すぐやられてしまいます。ここ

からのゲームスタートのとき、どうしますか？

掲示 》》
> 戦う・経験値をためてレベルを上げる
> 魔法や技を覚える・お金をためて装備を買う
> 仲間をつくる・一緒に戦う
> ↓
> **主人公が成長する**

この成長は、みんなの学校生活でも言えそうではないでしょうか。

　大変なことや難しい勉強に挑戦することは、敵と戦って、お金や経験値を貯めることと似ています。経験を通して、使える道具や装備を増やすことになります。やってみないとレベルアップはしません。
　また、仲間がいれば、たとえ自分がまだ弱くても、仲間の力を生かして乗り越えることができますね。

板書 》》「RPGゲームの主人公は自分自身」

　人生もRPGゲームと同じように、経験を積み重ねて成長していきます。みんなが経験することが、君たちを強くするのです。これからの授業や日常生活でも、RPGゲームのように楽しんで学んでいきたいですね。

このお話に込めた「とっておきの話クリエイター」としてのこだわり

　RPGゲームのように、現実でも様々な挑戦を通じて成長し、新しいスキルや知識を身につけることができるというメッセージを伝えたいです。
　例えば、装備を整えることは何かな、などと子どもたちに聞いてみれば、ノートや筆箱、三角定規やコンパスなどの道具を準備し、使いこなすことだと、子どもたちが思いつくかもしれません。新しい勉強・難しい勉強に挑戦することが経験値をためることにつながり、仲間と協力することでさらに成長できます。
　最後に、「RPGゲームの主人公は自分自身」という板書によって、日常生活でもRPGのように楽しんで学び成長し続けることの大切さを伝えたいと思います。

自分の心を理解する大切さを伝える

心の天気

素材 文学作品・マインドフルネス

ポイント 学級に慣れてきた子どもたちが本音を出し合うと、トラブルも起こります。落ち着いてお互いの気持ちを理解し合い、生活経験を語り合える学級は素敵ですね。

6月

提示 》青空の写真

この日の天気は、なんと言いますか。指名 》

快晴、青空、晴れ、良い天気、などですね。
この天気を見て、どんな気持ちになりますか。指名 》

そうですね、明るい気持ちになったり、元気が出てきたりする人もいますね。
他にも天気にはどんなものがありますか？

提示 》曇り、雨、雪、嵐などの写真

人間は昔から、天気を心の表現として表してきました。
これは、日本だけでなく外国の物語の表現にも見られることです。
これらの天気には、どんな気持ちが込められていると思いますか。
例えば、曇りなら…指名 》

曇りなら、すっきりしない。
雨なら悲しくて涙が出そう。
嵐だったら、怒鳴りそうになっている、などかもしれません。

板書 》》「心にも天気がある」

　みんなの心にもいろいろな天気があります。

　雨が降ったり嵐が来たりしても、また晴れたりするように、心の天気も変化します。心が嵐のとき、すぐに言葉や行動に表すのではなく、静まるのを待つこともできます。天気が時間とともに変化し、自然と晴れてくることを信じましょう。

　心の天気を観察することは、自分の心を大事にすることと同じですね。ぜひ、自分を大切にして心を見つめてみてください。

　ではみなさん、ちょっと自分の心の天気を観察してみましょう。1分間、目を閉じて深呼吸をしながら、心に天気が浮かんでくるのをイメージしましょう。

　雲の流れや、太陽の見え隠れ、風の様子など、変化もあればそれを覚えていてくださいね。

活動 》》実際に心の天気を思い浮かべ、言葉で共有する

このお話に込めた「とっておきの話クリエイター」としてのこだわり

　文学作品には、私たちの気分を天気に表す比喩が見られます。これは日本だけでなく外国にも共通のようです。自分の気持ちを理解し、正直に表現することで心の負担が減り、心が落ち着きます。

　また、自分の感情に客観的になり、変化を含めて観察することは、マインドフルネスなどで行われており、自己認識が深まるとされています。

　言葉でのコミュニケーションが苦手な子どもも、「僕の心の天気は雨」などと自分の気持ちをわかりやすく伝えることで、相手も理解しやすくなり、誤解やケンカが減ります。良い人間関係を築くために重要です。

38

これは何に見える?

素材 立体の影

ポイント どの視点からものを見るかによって見え方は変わります。ものの見方の視点を増やして広げ、多様な見方の大切さを伝えていきます。

7月

提示 》》円の図

これは何に見えますか。 指名 》》

ボール、時計、オレンジ、それぞれ違う答えが出てきますね。
影のままで見えないからこそ、想像力を働かせることができますね。
あなたたちのその想像力は、宝物ですね。

提示 》》正方形の図

今度は、何に見えますか。 指名 》》

サイコロ・お菓子の箱・四角い時計・プレゼント…。
素敵ですね。いろいろなものの見方ができるのは、脳が柔らかい証拠です。

板書 》》「2枚は同じ」

どういうことか、考えてみてください。 指名 》》
そう、筒の形ですね(実物を見せてもよい)。
1枚目は上から見たもの、2枚目は横から見たものなのです。

板書 ≫「自分の視点を増やす」

　このように視点を変えると、全然違うものに見えます。人間も物事も同じように、視点によって全く違う姿を見せるのです。

　例えば、ある子がいつも怒っているように見えたとしても、その子が実はとても優しい瞬間もあるかもしれません。怖いと思ってばかりいたら、その優しい部分は見えてこないのではないでしょうか。

　だから、物事を一方向からだけでなく、いろいろな角度から見てみることが大切ですね。そうすると、見える世界が広がって、もっと鮮やかな色やいろいろな形が見えてくるかもしれません。

時間があれば、こんな筒の図や実物を用意し、提示して考えるのもいいですね。

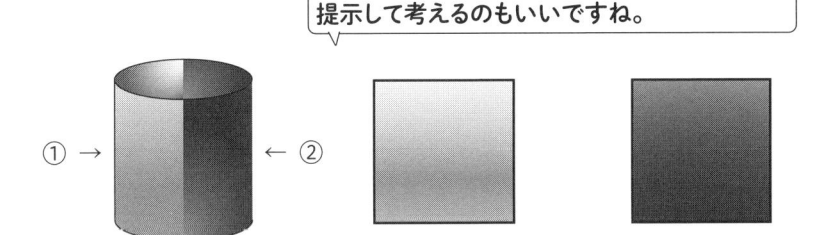

① →　　　← ②

①から見たもの　　　②から見たもの

このお話に込めた「とっておきの話クリエイター」としてのこだわり

　多様なものの見方は、問題解決能力を高める上で非常に重要です。異なる視点から物事を見つめることで、創造的なアイデアや解決策が生まれやすくなります。固定観念にとらわれずに柔軟に考えることで、予測不可能な状況に対応する力を養ってほしいと願っています。

39

新しい世界に挑戦する勇気の大切さを伝える

温室を飛び出し、成長へ

素材 温室栽培と自然栽培

ポイント 夏休み明けの成長のチャンス。コンフォートゾーン（心理的な安心領域）を飛び出し、進んで新しい役割や大きな係を引き受けようとする心を育てたいです。

9月

提示》 温室栽培のほうれん草の写真

温室という言葉を知っていますか。
どんな場所なのでしょうか。指名》

そうですね。温かく、冬でも温度や湿度がちょうどよくなっています。
外からの危険からも守られています。
このほうれん草は温室の中で、安定して成長しています。

提示》 雪の中、露地で栽培されているほうれん草の写真

この写真と温室の写真を比べてみてください。どちらがおいしいほうれん草だと思いますか。

実は、風や雪にさらされ、厳しい環境で育ったほうれん草の方が、甘みがあっておいしいと言われています。なぜでしょうか。指名》

板書》 「根を広げ、雨や風から強くなり、変化に対応できる」

厳しい環境で育つほうれん草は、生き抜くために根を大きく張り水分を吸収します。温度や天候などの環境の変化に合わせるために、強い体に変わっていきます。これは、人間の成長にも言えるのではないでしょうか。

板書 》》「居心地の良い場所から一歩外に出てみる」

家族や仲の良い友達などといると、居心地がよく、安心な環境にいて守られているかもしれません。しかし、時に成長するためには、その世界を飛び出すことも必要です。例えば、新しい役割、運動や勉強に挑戦すること、新しい友達を作るために話しかけることなども、温室を出ることと同じです。

これからの生活、一歩踏み出し、広い世界で成長することにぜひ挑戦してみてください。

このお話に込めた「とっておきの話クリエイター」としてのこだわり

厳しい環境で育つほうれん草は、風や雪にさらされることで甘みが増し、強く健康に育ちます。植物がストレス環境で育つことで抗酸化物質や糖度が増加するとも言われています。

人間の成長も、保護された環境から一歩踏み出すことで促進されます。心理学者カール・ロジャーズは、人間は自己の限界に挑戦し、新しい経験を積むことで自己実現を達成する能力を持つことができるとしています。

子どもたちが自分自身の可能性を広げ、新しい挑戦に対する恐れを克服し、積極的に成長する姿勢を持ってほしいと願っています。

（参考）日本看護科学学会. 看護学学術用語検討委員会. n.d.JANApedia-看護学を構成する重要な用語集-. アセスメント. https://scientific-nursing-ferminology.org/ferms/assessment

40

あのときの自分があったから

素材 瀬尾一樹「年輪を観察して木の生き方を読み取ろう!」
参考HP：https://gogo.wildmind.jp/feed/howto/240

ポイント 大会等で勝ち負けの違いがあっても、経験は自分のかけがえのない宝物です。失敗を糧に人生に生かしてほしいです。

提示 》》木の年輪のイラストか写真

木の年輪とは何か知っていますか。指名 》》
そうですね。年輪とは、その木の年齢がわかるものです。
それは、何年もかけて木が成長した証拠です。

提示 》》一部へこんだ模様の年輪の写真

個性的な年輪ですね。なぜこのような個性が出たのでしょうか。指名 》》
いろいろ出ましたね。実は、これは厳しい自然の中にさらされて、傷ついたために、へこんだのです。
傷を乗り越えて成長した木は特有の形や模様を持つことがあり、それが独特の美しさを生み出します。

板書 》》「傷ついた経験も個性をつくる」

10月

これは、人間にも言えることです。願いが叶わなかったこと、悔しかったこと、悲しかったことなど、負けた経験をしなければ、気づかないことがあります。負けた人の痛みがわかるからこそ、優しい人になれますよね。

板書 》「自分なりの年輪」

年輪を積み重ねることで木の幹は太くなります。私たちも失敗したり悔しい思いをしたりすることがあります。例えば、試合で負けたり、テストで良い点が取れなかったり、友達とケンカをしたりすることなどがありますね。

人生の年輪には、成功も失敗もすべて含まれています。悔しい経験や失敗も、自分を強くし、成長させる大切な一部です。このかけがえのない経験から何を学ぶのかを考えていきませんか。

> 「たとえ」は、クラス共通の体験があったら、それに特化して話しましょう。

このお話に込めた「とっておきの話クリエイター」としてのこだわり

心理学用語では、失敗や困難を経験することがレジリエンス（回復力）を高めると言われています。失敗から立ち直る過程で、自分自身の強さや問題解決能力が向上します。

心理学者キャロル・ドゥエックの成長マインドセット（Growth Mindset）の理論によれば、失敗を成長の機会と捉えることで、学習成果が向上することが示されています。成長マインドセットを持つことで、失敗を経験しても、それを糧にしてさらに学び続ける姿勢が育まれます。

授業では、人生の年輪に成功も失敗もすべて含まれていることを伝えています。悔しい経験や失敗も、自分を強くし、成長させる大切な一部であり、それが長い目で見たときに自分の成長や成功につながることを子どもたちに理解してもらいたいと考えています。

（参考文献）キャロル・S・ドゥエック『マインドセット「やればできる！」の研究』（草思社、2016年）

41

物事を広い視野で捉える力の大切さを伝える

ただの石ころだけど

素材 現象学

ポイント 「〜はこうに違いない」などと固定化せずに、物事を見る力を高めたいと思います。物についた名前の価値を伝えたいです。

提示 》石ころ (大きさの違うものを4つぐらい並べる)

これは何に見えますか。指名 》

そうですね。ただの石ころですね。大きい砂利とか、小さい岩ということもできるかもしれません。

ちょっと考えてみてください。これを宇宙人が見たらどう思うでしょうか?
その宇宙人は、これらを高価な宝石として扱っていたとします。
この石ころは一つひとつ、なんて呼ばれるのでしょうか。指名 》

そうですね、ダイヤ・エメラルドみたいに名前がつくかもしれません。宇宙人から見たら、キララ・ハララなど、すでに名前がついているかもしれません。

提示 》ナスやキュウリなどの野菜の写真

今度はこれを見てください。何に見えますか。指名 》
そうですね。ナスやキュウリ、野菜と呼ぶことができますね。

でも、これを食べ物と考えない宇宙人が見たらどう思うでしょう。
名前をつけると思いますか。「石ころ」と思うかもしれません。

板書》》「名前があるものには価値が込められている」

　名前をつけたり、種類を分けたりするということは、そのことに意味や価値が込められているからなのですね。私たちが当たり前のように見ているものでも、立場を変えることで全く違った価値や意味を持つことがあります。名前を持つことで、そのものに特別な価値が与えられるのです。これからの人生で、みなさんが名前のないものに新しい価値を見つけて、名前をつけることもできるのですね。

　あなたの身の回りのもので、気になる名前はありますか？

> 時間があれば、名前に大きな価値があることにも目を向けて共有してもいいですね。

このお話に込めた「とっておきの話クリエイター」としてのこだわり

　現象学という考え方は、物事の本当の姿を人の意識を通じて捉えることを大事にしています。この考え方を使って、子どもたちにものの見方が変わると価値や意味も変わることを伝えたいと思いました。物事の価値や意味は見る人の視点で大きく変わるのです。

　また、名前を持つことには特別な意味が込められています。名前をつけることは、その物や人に特別な価値や意味を与えることです。名前があることで、その物や人は特別な存在になります。これを通じて、子どもたちには名前の価値を考えてもらいたいと思います。

　（参考文献）飲茶『史上最強の哲学入門』(河出文庫、2015年)

継続することの大切さを伝える

続けるだけで

素材 1年間続けた数字

ポイント 目立つ才能や結果が出ないことがあっても、積み重ねている習慣があることが大きな力になることを伝えたいです。

板書》》「続けるだけで」

今日は「続ける」という話をします。

提示》》1日2文字

毎日漢字を2文字だけ覚えるとしましょう。1日に2文字だけだと少なく感じるかもしれません。でも、それを毎日続けると1年で何文字になるでしょうか。 **指名》》**

板書》》「730文字」

12月

1か月は2×30で約60字、1年は365日なので2×365で約730字も覚えることができます。これだけの漢字を覚えると、たくさんの本や文章が読めるようになります。

提示》》1日10回

では、毎日10回腕立て伏せをすると、1年で何回になるでしょうか。 **指名》》**

板書》》「3650回」

そうですね、1か月で約300回、1年で約3650回になります。毎日少しずつ腕立て伏せを続けると、筋力が増して体力が向上します。続けることで誰でも強くなれます。先生も毎日筋トレをしているのですよ。

> 語る先生自身が続けていることがあれば、それを例に出すといいですね。

提示 ≫ 1日1㎞、1095㎞

　これは、毎日1㎞走った人が3年間かけて走った距離です。6年間かければ、約2000㎞。日本を縦断できる距離になるのです。

　誰もが特別な才能を持っていなくても、続けることで同じような成果を得ることができます。大切なのは、結果をすぐに出そうとするのではなく、続けること自体に価値があるということです。続けることで自然と力がつくのです。学校に毎日来て、積み重ねていることも、あなたは未来の自分を作っているのですよ。続けることを意識して、行動してみませんか。

$$10回 \times 365日 = 3650回$$

このお話に込めた「とっておきの話クリエイター」としてのこだわり

　「習慣に気を付けなさい、それはいつか運命になるから」。マザー・テレサの有名な言葉です。大切なのは、結果をすぐに求めるのではなく、続けること自体が価値を持つということです。

　小さなステップから始め、大きな目標を達成するためには、小さな一歩を毎日続けることが必要です。ある行動を21日間続けると習慣化しやすいという説もあります。さらに習慣を身につけるためには、「きっかけ」となる行動や状況を設定することが効果的です。

　一つひとつの行動が、未来を作る大切な習慣化のチャンスになるということを伝えたいと思います。

43

感謝することの大切さを伝える

自分を支えるもの

（素材）オリンピックのマラソンの写真と先導の白バイ

（ポイント）学年の終わりを意識しつつ、自分たちの周囲や環境を整えている存在に気づき、感謝の気持ちを持てるようにします。

提示》》オリンピックのマラソンで1位でゴールする選手の写真

マラソン大会で最初にゴールにたどり着くのは誰でしょうか。**指名》》**

実は、選手よりも先にゴールする特別な存在がいるのです。それは誰だと思いますか。**指名》》**

提示》》マラソン大会の白バイの写真

よく気づきましたね。このバイクは、ランナーが道に迷わないように先導し、コース上の危険がないようにしてくれているのです。
実は、マラソン大会では他にも、ランナーを助ける人たちがたくさんいます。誰のことだがかわかりますか。**指名》》**

板書》》「給水ポイントで水を渡す人、応援する人、交通整理をする人
記録する人、救急対応をする人、選手を送り出す人…」

このように、見えないところで協力してくれている人たちの支えのおかげで、大会は成功するのですね。こうしてランナーはゴールするのです。そんな姿が実は、あなたたちにも重なるのではないでしょうか。自分たちが学校生活や家庭生活を送る上で、支えてくれる人たちの存在についてたくさん思い浮かべてみてください。
指名》》

1月

そうですね。毎日授業をしてくださる先生、栄養バランスの取れた給食を作ってくださる給食調理員さん、学校を清潔に保ってくださる校務員さん、配布物を印刷してくれる事務職員さん、登下校を見守ってくださるボランティアさん、家庭で毎日あなたのご飯を作る家族、そして家計を支えるために働く家族。

板書 》》「支えてくれるたくさんの人への感謝」

　私たちも、日常生活の中で見えないところで支えてくださっている人たちに感謝の気持ちを持つことが大切ですね。どうしたら、その思いを伝えられるのか考えながら、残りの生活を過ごしていきましょう。

学級活動等で「感謝プロジェクト」を企画し、実行するのもいいですね。

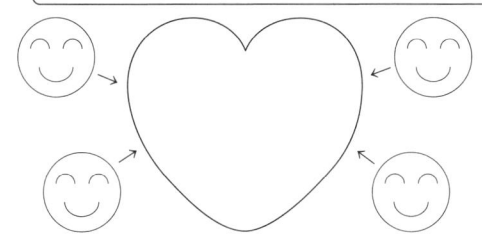

このお話に込めた「とっておきの話クリエイター」としてのこだわり

　私たちの日常生活は、多くの人々の支えによって成り立っていますが、その貢献に気づき、感謝の気持ちを持つことが大切です。

　自分を支えてくれるものとして、学校での日常生活を支えてくれている人々の存在が例に挙がるでしょう。このように、私たちの生活は多くの人々の見えない努力と支えによって成り立っています。

　ポジティブ心理学の研究によれば、感謝の気持ちを持つことは心の健康や人間関係の向上に大きな効果をもたらすことが示されています。感謝は他者との信頼関係を深める助けとなります。また、感謝の気持ちを持つことで疲れが癒やされ、幸福感が増すことがわかっています。

44

節度を持つことの大切さを伝える

魔法の杖

素材 スマートフォン

ポイント 便利な道具に振り回されることなく、節度を持って使える人になってほしいという願いを伝えたいです。

提示 >> 魔法の杖のイラスト

　ここに魔法の杖があります。これを使うと移動しなくても好きな場所を見られる、何でも知ることができる、いつでも誰とでも話せるのです。

　さて、この「魔法の杖」とは、いったい何という道具についてたとえているのでしょう。 指名 >>

　そう、このような機能があるのは、スマホですね。そして、一番手軽に持ち運べる道具ですね。

提示 >> スマホのイラスト

　スマホは、魔法の杖のように便利な道具です。世界中の情報をすぐに調べられ、遠く離れた友達とも話せます。ゲームをして楽しむこともできます。

　でも、もし魔法の杖が便利すぎて、その力に振り回されてしまったらどうなるでしょうか。スマホだったら、どんな問題が起きるのでしょうか。 指名 >>

［予想される子どもの意見］
長時間ゲームをしすぎる。時間がすぎる。運動しなくなる。
目が悪くなる。自分で考えなくなる。
メッセージのやり取りが大変になる。

2月

SNSの情報にだまされる。詐欺に遭う。

　魔法の杖が暴走し、最後に大変な目に遭うのは自分です。例えば、SNSで送ったメッセージや画像は、消えずに残ることがあります。

板書》》「便利な道具に振り回されない」

　スマホやタブレットはとても便利な魔法の杖ですが、その魔法をどう使うかはみなさんの手にかかっています。スマホに振り回されないように、自分の「目的」に合わせて上手に使うことを心がけましょう。

　これからもスマホなどの便利な道具を使うとき、自分が魔法使いだということを忘れずに、賢く使っていきましょう。

このお話に込めた「とっておきの話クリエイター」としてのこだわり

　スマホは現代社会において非常に便利な道具ですが、その使い方を誤ると多くの問題が生じます。語りを通して、スマホの正しい使い方を考え、主体的に使う力を育むことを目指しています。

　スマホが教育に与える悪影響については、まだ研究途上で結果がはっきりと出ていません。しかし、便利さに頼ってしまうと、子どもが道具に使われることになりかねません。

　自分で考える力に影響があると言われています。すぐに答えを検索できる便利さの反面、問題解決能力や批判的思考の機会が失われることがあります。さらに、SNSやインターネット上での詐欺やトラブルに巻き込まれるリスクもあります。子どもたちがインターネット上の情報を鵜呑みにせず、慎重に行動することが重要です。

　スマホを主体的に使い、道具に使われることなく、自分の力で生活を豊かにする方法を学んでいくことを目指しています。

　NHKクローズアップ現代「"スマホ脳過労"記憶力や意欲が低下!?」（2019年2月19日）

45

見方を自分で変えながらよりよく生きる

どんなメガネをかけていますか

素材 認知バイアス（心理学者エイモス・トベルスキー、ダニエル・カーネマン）

ポイント 自分が見たい世界は自分が決めている。気持ちや考えが自分の見える世界を決めていることを知り、前向きに進級してほしいです。

提示 》》**レンズの赤いメガネ、レンズの青いメガネ（実物かイラスト）**

このメガネをそれぞれかけたら教室がどんなふうに見えると思いますか。指名 》》

そうですね。青いメガネをかけたら世界が青く見え、赤いメガネをかけたら世界が赤く見えますよね。色付きのメガネをかけると、世界がその色に染まって見えます。実は、みんなは毎日、自分だけのメガネをかけているんです。このメガネは特別で、みんなの気持ちや考え方で色が変わるのです。

板書 》》**「自分だけのメガネ」**

朝起きたとき、気分が良いときとそうでないときがありますよね。そのとき、メガネのレンズの色は変わっているんです。

板書 》》**「うれしいことがあった日」**

世界は、どう見えると思いますか。指名 》》
［予想される子どもの意見］
明るく見える。清々しく見える。

板書 》》**「悲しいことがあった日」**

3月

世界は、どう見えると思いますか。 指名 》》

[予想される子どもの意見]

世界は、暗く見える。つまらなく見える。

　今、想像したように、気持ちや考え方によって同じ世界でも見え方が変わります。楽しい気持ちのときは、世界が明るく楽しく見えます。悲しい気持ちのときは、世界が暗くつまらなく見えることがあります。

板書 》》「世界の見え方を作っているのは自分」

　自分の気持ちや考え方がメガネの色を決めているのです。自分がどんなメガネをかけているかを意識してみましょう。前向きな気持ちのメガネをかけることで、毎日が楽しくなるかもしれませんね。

　また、無意識にメガネをかけて、世界はこういうものだと思い込んでしまわないようにしましょう。

　これからの未来も、あなたが望んだ色で世界は作っていけるのですよ。

> 時間があったら、無意識のメガネとして、女らしさや男らしさのメガネもあるといって考えさせてもいいですね。

今みなさんは、どんなメガネをかけていますか。

このお話に込めた「とっておきの話クリエイター」としてのこだわり

　私たちが感じることや考えることによって、世界の見え方が変わるというお話です。私たちは自分の気持ちや考え方で世界を見ています。これは「認知バイアス」という心理現象であり、私たちの認識や解釈が個々の経験や信念によって影響を受けることを示しています。

　「自分が見たい世界は自分が決めている」と導かれる考えを通じて、自分の感情や考え方に気づき、それを前向きに変える力を身につけることが大切です。自分のメガネの色を意識して、日常生活をより楽しく充実させる方法を学んでほしいと思います。

糟谷先生の「とっておきの話」から見つけられる"とっておき"

　糟谷先生は、家庭でも家事や育児に邁進され、お子さんの抱える困難などを機にご自身の人生を見直してこられた方です。糟谷先生を知る先生は皆口をそろえて「学び続けている先生」とおっしゃられます。現在は夜間大学院に在籍しており、論文を書きながら本企画の執筆にもご参加いただきました。そんな糟谷先生の「とっておきの話」には、次の3点において"とっておき"を見つけられます。

　1つ目は、家庭でも子どもの心に響く語りを目指してお話を創られている点です。4月『笑顔の力』の話をこの時期にもってきたのは、「自分の言葉が子どもにどう響いているのか」を家庭でも問い続けた結果、言葉よりも速く心に伝えることができる笑顔の力を、糟谷先生自身が実感しているからでしょう。自分の息子や娘に語りかけるように子どもに響く言葉を選ぶことで、下校後も親子で話題となる印象的な話となっています。

　2つ目は、抽象的な事象を具体的に提示するために、引き出しの多いたとえを活用されている点です。5月『成長する主人公』はRPGゲーム、6月『心の天気』は天気、9月『温室を飛び出し成長へ』はほうれん草、10月『あのときの自分があったから』は木の年輪、12月『続けるだけで』は数字、2月『魔法の杖』は魔法使いに例え、子どもたちが具体的に物事をイメージしながら考えられるよう柔軟に語りかけています。

　3つ目は、多角的・多面的な見方や広い視野がもてるようなお話が多い点です。7月『これは何に見える』は多角的、11月『ただの石ころだけど』は多面的な見方の重要性を伝えています。1月『自分を支えるもの』は、白バイのエピソードを素材に広い視野がもてるような話となっています。3月『どんなメガネをかけていますか』は、糟谷先生ご自身が日頃から様々なメガネをかけて広い視野で世界を捉えてこられたからこその語りであることは間違いありません。

　学校だけでなく、家庭や大学院でも「子どもを育てる」ための学びを続けてこられた糟谷先生だからこその、世界を柔軟に捉え、視野が広がる「とっておきの話」でした。

第5章

大廣先生の『とっておきの話』 1年の軌跡

大廣誠。1996年兵庫県生まれ。現在、神奈川県相模原市の小学校教諭。令和4年度、6年度の日本生活科・総合的学習教育学会にて自由研究発表者として全国大会に登壇した。相模原市生活科・総合的な学習研究会「柴胡の会」や相模原の教育を創る会などに所属。生活科・総合的な学習の時間を中心に学び、実践を続けている。

私と『とっておきの話』　〜大廣先生の語り観〜

私は小学生の頃の授業は正直あまり覚えていません。1年生の頃、先に家で算数の勉強をしていた私は大体の答えがわかってしまい、すぐに答えを言ってしまう子どもでした。今この立場になると、当時の先生には申し訳ない気持ちも多少ながらに感じています。しかし、この仕事を目指したきっかけの一つにあるのが、先生たちが話す小話でした。

小学校〜中学校で今でも色濃く覚えているのが、授業の際に先生たちが話してくれる小話でした。授業に関係あることから少し脱線した内容までありましたが、先生が面白そうに話し、授業を受けている我々も面白おかしく話を聞いている環境がとても好きでした。そして、その話の後の授業は良い意味で切り替えができたり、先生や学校のことを好きになったりと良いイメージしかありませんでした。

『とっておきの話』は、先生たちの体験や経験を基に話されます。過去に経験したことや調べて見つけた話など様々です。そんな背景があるからこそ、話に命が吹き込まれるのだと思います。

私は人と話すのが大好きです。人の話を聞くのも大好きです。それは過去に、私が退屈にしているときに『とっておきの話』をしてくださった先生方がいたからです。だからこそ、今度は私も届けたいと思い、今こうして筆を走らせています。

私が学級経営で大切にしていること　〜線で語る視点から〜

私が学級経営で大切にしていることは、以下の5つです。

①内側から溢れる言葉で話す⇒上辺だけの言葉は子どもが見抜きます。

②教室で一番笑う

⇒教師が笑顔でいることで、子どもも笑顔になりやすいと考えています。

③時間を守る

⇒「授業始めは、皆が守る時間。授業後は、先生が守る時間」と伝えています。

④何でも教えない

⇒子どもたちは自分の力で考え、動くことができます。そのため、何でも教えるのではなく、「どうやったらいいのかな？」と子どもに聞き、必要があればそこから声をかけてよりよい方法を探していきます。

⑤その子のキャラクターを大切にする

⇒人間得意や苦手はあります。しかし、いろいろなことを経験するからこそ成長があります。その子のキャラクターを理解した上で、その子に合った取り組み方を促すことを教師として大切にしています。

私の『とっておきの話』　1年の軌跡

46

物を大切に使う心を育てる

物を大切にするということ

素材 YouTube「新庄劇場」

ポイント 自分が今使っている物や教室にある物、家にある物が当たり前でないことに気づくことができるように、有名人の話から物を大切にできるような語りをします。

提示 》新庄監督のイラスト

みなさんはこの人を知っていますか。この人は、大谷選手も所属していたプロ野球チーム「北海道日本ハムファイターズ」の新庄剛志監督です。

提示 》新庄監督のグローブのイラストまたは写真

このグローブは、新庄さんがプロ野球選手のときに使っていたグローブです。どれくらいの年数を使ったと思いますか? 指名 》

(子どもからの意見を聞き、グローブの寿命が平均3年くらいである話をする)
このグローブは、新庄監督が現役だった17年間も使い続けたそうです。

板書 》17年間

では、どうしてこんなにも長く使い続けることができたと思いますか? 指名 》

それは、練習や試合の後に必ずグローブについた汚れを取り、丁寧に道具の手入れを行い、道具を大切にしていたからです。現役のときには手入れだけでなく、グローブの修理も4回しています。

　ここまでの話を聞いて、みなさんはどんなことを思いましたか？ **指名》》**

　新庄監督のように、自分が使う道具を大切にしていたでしょうか。道具箱を出して、中を見て確認してみましょう。

演出》》子どもたちが道具箱を出して確認するのをじっと待つ

　今、中を見て自分の道具箱にある物は、大切にできていると感じますか？

　道具箱の中の物だけではなく、お家にある本やおもちゃ、ゲーム、携帯電話など、物があることは当たり前ではありません。

　毎日生活していくためには、いろいろな物が必要です。物を作ってくれる人にも買う人にも「想い」があります。そんな人たちのことも想いながら、大切に使っていけるといいですね！では、みなさんはどうやって道具箱をしまいますか？

このお話に込めた「とっておきの話クリエイター」としてのこだわり

　私は、小学4年生から今日に至るまで野球を続けてきました。野球のグローブはとても高価な品物です。野球をするときには当たり前に必要なグローブも、大人になりお金を稼ぐようになってからどれだけ高価なものであるかを実感しました。

　多くの収入があるプロ野球選手でも、1つの物を大切にして使う。そこには作った人の想いや買った人の想いがあるからだと思います。私も高校生の頃から使っているグローブを今でも大切に使用しています。物があることが当たり前にならないような気付きが少しでも持てるといいです。

47

ありがとうのなぞを追って

5月

素材 日本人の「ありがとう」を徹底解剖！（キットカット調査リリース）

ポイント 何気なく日常的に使う言葉を全体で考えることで、次使うときに今までと違う意味を持って話すきっかけになります。クラスの様子に合わせて丁寧に話してみてはいかがでしょうか。

板書 》》① 7.5　② 4.9

　この数字は、みなさんが日常的に使う言葉の回数を表しています。何という言葉でしょう。 指名 》》

板書 》》「ありがとうの回数」

　そうです、「ありがとう」です。しかし、この 2 つの数字には、大きな違いがあります。

　①の「7.5」は、一日に私たちが誰かに対して「ありがとう」を言う回数だそうです。それに対して②の 4.9 は、一日に私たちが誰かに「ありがとう」を言われる回数だそうです。

　ここで 1 つ先生には、不思議なことがあります。一体何だと思いますか。それは、「言う回数」よりも「言われる回数」の方が少ないということです。

板書 》》「消えたありがとう」

　先ほど話した回数の違いの謎を話します。ヒントは、「記憶」です。自分が相手に言っている以上に、自分では「ありがとう」と言われている自覚がないということです。

　「ありがとう」の反対の言葉は、「当たり前」と言われています。

　もしかしたら、みなさんは「ありがとう」と言うこともそうですが、「ありがとう」と言われることが当たり前になっているのかもしれません。

板書》》ありがとう⇒「有難」

「ありがとう」は、「有ることが難しい」と書いて「有り難し」（ありがたし）というところから現在の意味になったという話もあります。何かをしたとき、されたときに出る「ありがとう」を大切にしたいですね。

板書》》「先手のありがとう」

「ありがとう」の言葉は、先ほど話した通り何かがあったときに出る言葉です。

しかし、何か起きる前に言う「ありがとう」もあるのを知っていますか。

例えば、お店のトイレなどでは、「いつもきれいに使ってくださり、ありがとうございます。」と書かれた表示を見かけます。その言葉を見たらきれいに使わないといけない気持ちにさせてくれます。これを先手の「ありがとう」と先生は言っています。先に「ありがとう」を言われると、とても「記憶」に残ります。

消えた2.6回の「ありがとう」を取り戻すためにも、先手の「ありがとう」を効果的に使うこともありかもしれませんね。

このお話に込めた「とっておきの話クリエイター」としてのこだわり

私たちは「言葉」を当たり前に使ってコミュニケーションをとっています。私は「言葉」の中でも特に大切なのは、相手への感謝の言葉だと思っています。感謝の言葉である「ありがとう」についての考えを学級内で広げることで、学級の中で交わされる「ありがとう」の質が上がるのではないでしょうか。みなさんも温かい学級づくりに「言葉」について考える時間を作ることを検討してみてください。

48

素材 勇気を出して挑戦する大切さを育てる

鎖につながれたゾウ

素材 『くさりにつながれた象』 ホルヘ・ブカイ

ポイント 自分の力を過小評価する人が、子ども、大人を問わず一定数いるのではないでしょうか。自分の力を最大限発揮するためには、まず挑戦する勇気を持つことです。サーカスの象の話から、自分自身を見つめる機会につなげてみてください。

提示 》 サーカスの象のイラストまたは写真

みなさんは、これが何のイラスト（写真）だかわかりますか。

これは、サーカスの象のイラストです。象は野生の中でもかなり強い動物なのは、みなさんも知っていますね。しかし、サーカスの象はなぜか脱走をしないのです。どうして、脱走をしないのでしょうか。**指名 》**

板書 》 「思い込み」

サーカスの象は、生まれた直後から足元に鎖を巻かれます。小さな象は、テントの中から見える外の世界の光に興味を示し、外へ出ようとしますが、足元の鎖が邪魔をして外に出ることができません。何度も何度も試した後に、この象は外へ出ることを「諦める」のです。

自分の足にはこの鎖があるから出られないと思い込んでしまうのです。

体が大きくなった頃、きっとこの鎖は簡単に象の力で外すことや壊すことはできるはずです。しかし、象は外そうとはしません。なぜか。それは、「やっても無駄だ」という小さい頃の経験による思い込みが邪魔をするからです。

板書 》》「挑戦の大切さ」

　さて、ここまで話してみなさんはどのように思ったでしょうか。

　この象に対して最初は「かわいそう」という感情や、サーカスの団員の人たちに対して「どうしてこんなひどいことをするんだ」という感情を持った人もいるのではないでしょうか。

　しかし、どうでしょう。話を進める中で、象と自分を重ねた人もいるのではないでしょうか。

　自分の中で諦めていること、やめてしまったことはありませんか。やりたいこと、なってみたい夢に対して心をワクワクしていた時間が誰しもあったのではないかなと私は思います。

　私は、中学生の頃から教員になりたいと思っていました。中学校の先生から高校、小学校となりたい校種は変わりましたが、今こうしてみんなの前で授業ができています。大変なことも当然ありますが、毎日が本当に楽しくて充実しています。

　自分の人生、一生を決めるのは自分です。一度きりしかない人生をいいものにするためには、「挑戦」することこそ一番大切だと私は思います。自分の可能性を自分で狭めてはもったいないです。今できないことも、方法を変えたり時間が経ったりすればできることがほとんどです。

　みなさんは、今からどんなことを挑戦し始めますか？

このお話に込めた「とっておきの話クリエイター」としてのこだわり

　誰もが幼少期の頃は、いろいろな物事に目を輝かせ、興味・関心の赴くままに様々な物事に挑戦します。しかし、年齢を重ねるごとに挑戦するまでの腰が重くなる人が多くなるような気がしています。挑戦するときに一番大切なことは、自分を信じることだと思います。「教師になりたい！」と思った頃の私たちの気持ちを例に話しながら、子どもたちに一歩前に踏み出す勇気を育んでみてはいかがでしょうか。

49

言葉が変わると印象が変わる

[素材] 阿部広太郎「ニューヨークで明太子がバカ売れした秘密」
（DIAMOND ONLINE）

[ポイント] 教室を見ていると、子どもたちの発する言葉に悩むことがあります。言葉一つでその人の印象が変わることも多々あります。そこで、実際にあった話から発する言葉について考える機会をつくってみてはいかがでしょうか。

[提示]》明太子のイラストまたは写真

みなさんは、この食べ物が何だかわかりますか？

これは、福岡県博多市の名産品、「明太子」です。

私も大好きで、よくご飯のお供として食べています。

この明太子ですが、今ではアメリカでも人気の日本の食べ物として食されています。

しかし、少し昔のアメリカでは、見た目の独特さから「気持ち悪い！　こんな食べ物は食べられない！」と酷評されていたのです。では、どうしてこの明太子は、その後こんなにも売れたのでしょうか。

[提示]》Cod roe → HAKATA Spicy Caviar（タラの卵⇒博多スパイシーキャビア）

当時のアメリカの人々は、「タラの卵」と聞いたときに、特徴的な見た目と直訳された文字からなかなか口にする機会がありませんでした。そこで、日本人シェフのオカジマさんが、人々が口にする「キャビア」を参考に「博多スパイシーキャビア」と売り出す商品名を変更したのです。

名前を変更したことで、人々の心にヒットし、アメリカでも人気の日本食として食べられるようになりました。

板書》》「マイナス言葉を言い換える」

　ここまでの話を聞いて、みなさんはどんなことを思いましたか?

　タラの卵から博多スパイシーキャビアへと言葉が変わっただけで、商品自体は何も変わっていないのです。

　しかし、人々の受ける印象は大きく変わりました。

　これは、普段の生活でも同じだと思います。何気なく使っている言葉の一つひとつを言い換えるだけで、受ける印象は変わるということです。日常で使ってしまうマイナスの言葉も、少し見方を変えて言葉を変えるだけで印象が大きく変わります。「しんどいな」と思うときは、「疲れるくらい頑張っているんだ!」と言い換えることもできます。

　日常に溢れている言葉を言い換えるだけで、いい気分になることができます。

　みなさんは、これから自分や友達に対して、どのような言葉を使っていきたいですか。

このお話に込めた「とっておきの話クリエイター」としてのこだわり

　言葉にはいろいろな側面が存在します。それはプラスの面やマイナスの面だけではないと思います。日本で当たり前に食されている明太子も、最初はアメリカで不遇な扱いを受けていました。言葉の持つ力は偉大で、言い方を変えるだけで受け手の印象が大きく変わることがこの話からわかると思います。

　この話から、人それぞれの個性も言い換えるだけで印象が変わることがあると気づかせたいです。実際にあった話から、クラスが変わる一つのきっかけをつくってみるのもよいのではないでしょうか。

50

相手を思いやる心を育てる

フェンスに打った釘

素材 「柱に付いた釘の穴の傷」 ジョージ・ワシントン

ポイント 自分の発した言葉について考える機会は多くはありません。言葉によって相手がどんな気持ちになるのかをクラスで考えてみてはいかがでしょうか。

板書》》「見える傷」「見えない傷」

黒板に書いたこの2つの傷は、何のことだと思いますか。指名》》
今日はこの2つの傷について、みんなで考えていきましょう。

掲示》》フェンスに刺さった釘のイラスト

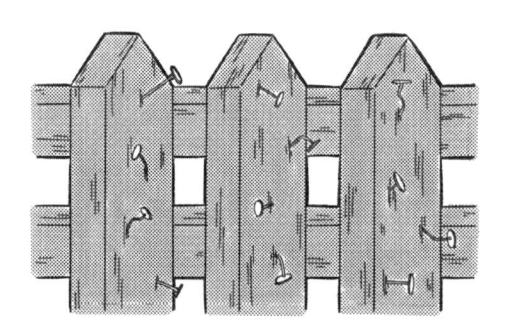

　これは、ある少年が怒ったとき、感情を抑えるために家のフェンスに打った釘のイラストです。少年は、以前は友達や両親に心ない言葉をかけたり、暴力をしたりしていましたが、フェンスに釘を打つことで、感情をコントロールすることができるようになりました。

掲示 》 釘が抜けたフェンスのイラスト

　さて、この少年は次第に心が落ち着くようになり、いつしか釘を打たなくても感情が高まることもなくなりました。

　そこで、父親は少年に釘を抜くように指示しました。少年はフェンスを見て、あることに気づきました。

　それは、何だと思いますか？ **指名 》**

　そうです。フェンスの穴がぼこぼこなのです。

板書 》「心の傷は見えない傷」

　最初は何気なくイライラしてしまったときにしていたことが、終わった後にも傷として残っています。暴力はしてはいけません。しかし、身体の傷は時間が経てば治るものも多いです。

　一方、友達などから言われたチクチク言葉は心に残っていき、深い傷となります。このフェンスはそれと同じです。

　我々には、言葉があります。時に人を喜ばせることもできるし、時に人を悲しませることもできる非常に強力なものです。

　これから長い人生を生きていく中で、「ごめんね」で片付かないことの方が多いと思います。

　これから君たちは、どんな言葉を使っていきたいですか。

このお話に込めた「とっておきの話クリエイター」としてのこだわり

　「親しき仲にも礼儀あり」といったことわざが日本にはあります。最初は相手のことを考えて丁寧に使っていた言葉も、仲が深まるとともに崩れていくことが多い気がしています。もちろん悪いことではありませんが、自分のまわりにいてくれる人の存在を意識した言葉遣いができる人になってほしいと願いながら教育活動を進めています。普段の生活を見直すことができる良い機会にしていただければ幸いです。

51

時間を大切にできる心を育てる

楽しい時間を作るには

素材 公益社団法人日本心理学会『時計の時間，心の時間』（教育評論社）、一川誠『大人の時間はなぜ短いのか』（集英社新書）

ポイント 休み時間から帰ってくるタイミングが遅くなったり、授業時の切り替えが遅くなってしまったりすることがクラスの中でもあると思います。時間について全体で考えるいい機会にしてもらえると幸いです。

10月

演出 》 **教室の時計を布などで隠す**

　今からみなさんとゲームをしたいと思います。

　顔を伏せて3分経ったら手を挙げてください。

　3分は秒でいうと180秒です。では、始めましょう。……はい、3分経ちました。

演出 》 **クラス全体で3分間レクリエーションをする**

　今からみなさんで〇〇ゲーム（ここは盛り上がれる遊びであれば何でもよい）をします。では、始めましょう。……はい、3分経ちました。

　（3分を教師が測り終了する）

板書 》 **普通の時間　楽しい時間**

　みなさんに聞きたいことがあります。最初に行った3分間自分で秒を数えるのと、3分間みんなで遊ぶのは、どちらが早く感じましたか？ 挙手 》

　多くの人が遊んでいる時間が早かったと手を挙げていますね。

　それはどうしてなのでしょうか。

この感覚を引き起こしている主な要因は、時間の経過に対して向けられる注意であると考えられています。時間の経過に注意が向けられる頻度が高いほど、時間がより長く感じられるのです。逆に、時間の経過に注意が向けられる頻度が低い場合や、時間の経過以外の事柄に注意が向けられる場合には、時間は短く感じられます。

演出 》》黙って1分間子どもたちを見渡す

さて、この話を聞いてどんなことを思ったでしょうか。

休み時間が終わってから帰ってくる時間や、授業のときの切り替えなどはきちんと守ることができていますか。

授業の時間は45分間です。椅子に座り、机を前にして過ごす45分間の授業と、自分の考えを友達に伝えたり交流したりする動きのある授業、どちらが好きですか。先生は動きのある授業が好きです。楽しいからです。

板書 》》「楽しい時間を作るには？」

みなさんにとっての楽しい時間、面白い授業をつくるには先生一人ではできません。みなさんが自分たちで時計を見て、時間を意識して行動していくことで、時間にゆとりが出るので楽しく、面白い授業をつくることができます。

〇〇人（クラスの人数）で楽しい時間を作りませんか？

このお話に込めた「とっておきの話クリエイター」としてのこだわり

時間は皆に等しく与えられています。この時間の有限性に子どもたちが気づくのはなかなか難しいことだと思います。子どもたちに気づいてもらうためには、実際に体験するしかないと考えています。楽しい時間とただ過ぎていく時間をそれぞれ体感し、自分たちはどちらの時間を過ごしたいのかを考える一つのきっかけとしたいです。

52

努力の壺

[素材] 東京子ども教育センター教室『子どもを変えた親の一言作文25選』
（明治図書）

[ポイント] 人は何かに一生懸命になっています。しかし、できるようになるスピードは人それぞれです。できない自分に嫌になる人もいます。話を通して自分に合った努力の仕方を考えるきっかけにしてはいかがでしょうか。

[板書]≫「努力」

　今、みなさんには努力していることはありますか？ 学校のことでもいいですし、お家で頑張っていることでもいいです。何人か教えてください。[指名]≫

　いろいろとみなさんが頑張っていることが出てきましたね。
　しかし、「努力」することはとても難しいことでもあると思います。先ほど、手を挙げることに悩んだ人もいると思います。どうして「努力」することや続けることが難しいのでしょうか。

[提示]≫努力の壺のイラスト

　今目の前に見えるものは何ですか？
　そうですね。壺です。では、みなさんはこの壺の中身が外から見えますか？ [指名]≫
　そうですね。外からは中身がどれだけ入っているか見ることができません。「努力」も同じだと私は思っています。自分が今どれだけ「努力」して、今、どれだけできるようになっているのかがわからないのです。

板書 》》「壺の大きさ」

　みなさんには、今「努力の壺」を見てもらいました。

　何かを始めたとき、人よりも自分の方が早くできたことや、逆に友達の方が先にできるようになっていたことはありませんか。

　これが努力の難しさである「壺の大きさ」です。

　大きさは人によって違うので、少しの努力でできるようになる人もいれば、たくさん努力をしないとできない人もいます。今話している私もたくさん努力をしました。

板書 》》「努力の目的」

　自分の中では、一生懸命になって努力をしているのに結果が出ないとき、「頑張っても無駄だ」と思ってしまうことがあります。しかし、せっかくやってきたことをやめてしまうのは非常にもったいないです。

　大切にしてほしいのは、自分が何のためにここまで取り組んできたかです。

　「努力の壺」の大きさの違いはあるかもしれません。でも、自分が一度頑張ろうと決めたものは信じて続けてみてください。

　きっとその継続したことが、いつかみんなの自信になると思います。

　みなさんは、今日から何を努力して頑張りますか。

このお話に込めた「とっておきの話クリエイター」としてのこだわり

　「努力」は人によって価値観もスピードも、壺の大きさも異なります。だからこそ、自分が何のためにこの努力をしているのかを改めて考えるきっかけになります。クラス全体でうまくいった過去やいかなかった過去などを話し合いながら努力することは良いことだと思います。ぜひ、話を基にあなたのクラスで考えを広げてみてください。

53

教室の汚れは心の汚れ

[素材] オリジナル

[ポイント] 同じ1年間を過ごす教室でも、きれいな状態が保たれる教室とそうでない教室があります。これは、教師自身も含めて自分たちの生活環境についての考え方を改める必要があると感じています。ぜひ、子どもたちと一緒に考えてみてはいかがでしょうか。

[演出] ≫ 紙に「拾ってくれてありがとう」と書き、くしゃくしゃにしてクラスのわかりやすいところに捨てておく。

[提示] ≫ **2枚の教室の写真　①きれいな教室、②整理されていない教室**
みなさんは①と②の教室、どちらで勉強したいですか。[指名] ≫
はい。①を選ぶ人が多いみたいですね。
では、みなさんが勉強している今の教室は、①の状態になっていますか?

[指名] ≫ 冒頭の [演出] ≫ のときに捨てていた紙を拾った子に声をかける
　教室の真ん中に紙が捨ててあったと思います。紙がなくなっているのですが、知っている人はいますか。

[演出] ≫ ゴミ箱に捨ててくれた人に声をかけ、ゴミ箱を一度取りに来てもらう
　〇〇さんは、どうしてゴミを拾って捨ててくれたの? [指名] ≫ (〇〇さんのみ)
　なるほど。自分が過ごす教室はきれいな方が気持ちいいね。
　〇〇さんは、自分のために拾ってくれたみたいですが、拾ってくれたことを聞いてどんな気持ちになりましたか。[指名] ≫
　ありがとうございます。みなさんの話からわかったことは、誰かが気づいてゴミを拾い、捨ててくれると、みなさんも気持ちよくなれるということです。

板書 ≫ 「教室の汚れは心の汚れ」

　日本には、「来たときよりも美しく」という言葉があります。この「とき」という言葉の意味は「時代」を表すそうです。この教室を使い始めた4月よりも、使い終わる3月。朝学校に登校してきたときよりも、下校するときの方がきれいにして美しく終えられるとよいですね。

　普段からきれいな教室や廊下を私たちの当たり前にして、常に自分たちが勉強したい環境をつくることができるようにしましょう。そのためには、毎日教室のことをよく見て、小さなゴミを1個でも見つけて捨てられるといいですね。そんな人の心はきっと、きれいな教室に負けないくらい美しいと言えるでしょう。

このお話に込めた「とっておきの話クリエイター」としてのこだわり

　4月にクラスが始まった頃の教室の環境を何人が覚えているでしょうか。私は、子どもたちとクラスをスタートする前に必ず教室の写真を撮るようにしています。子どもだけでなく教師の私自身もゴミや汚れを見つけたら捨てる、きれいにするなどの意識を保つためです。自分たちが過ごす教室の環境を維持する、よりよくするという気持ちは本当に大切だと思います。教師である私たちが常に教室の環境に敏感であることが、落ち着いたクラスづくりの第一歩ではないでしょうか。

54

つらいとき、しんどいときこそ上を向く大切さを伝える

落ちないリンゴ

素材 フジテレビ「奇跡体験!アンビリバボー」(2020年7月9日放送)

ポイント 生きていると不慮の事故や災害など、予期しないことがたくさんあります。その際に起きたピンチをチャンスに変えた実際の話を基に考え方一つでどうにかなるという心を育ててみてはいかがでしょうか。

提示 》リンゴのイラストまたは写真

みなさんはこの食べ物がわかりますか? 指名 》
そうです。これは皆がよく知っている「リンゴ」です。
では、リンゴは実がなると、どうなると思いますか。実が大きくなると重さに耐えられなくなり、地面に落ちるのです。

提示 》落ちないリンゴのイラストまたは写真
これは、先ほど見たリンゴとは何かが違います。
では、何が違うかわかりますか。指名 》
先ほどのリンゴは落ちるはずなのに、どうしてこれは「落ちないリンゴ」なのでしょうか?

板書 》》「落ちないリンゴ」

　今から約20年前、東北地方の青森県を台風19号が襲いました。その台風は、最大瞬間風速50mを超える強風で、大きな被害をもたらしました。この台風で、青森県のリンゴ農家は大打撃を受けてしまいました。売りに出す予定のリンゴのうち、9割以上が木から落ちてしまい、農家の人たちは途方に暮れていました。

　しかし、若いリンゴ園の経営者が驚くべきアイデアを提案しました。彼は、台風で落ちなかった1割のリンゴを「**落ちないリンゴ**」として、全国の神社で受験生向けに売ることにしました。このアイデアは、リンゴ農園の経営を守るための逆転の考え方となったのです。

板書 》》「ピンチはチャンス」

　このリンゴは、その後ニュースやテレビ番組などで非常に有名になりました。現在では、「落ちないリンゴ」という会社を立ち上げ、販売も続いています。同じ東北地方の秋田県でも同様の取り組みがされており、受験生の縁起物として愛されているのだそうです。

　ここまでの話を聞いて、みなさんはどんなことを思ったでしょうか。

　絶望的な状況があったとしても、その状況をチャンスに変えることもできるということです。

　よくスポーツの世界でも「ピンチの後にチャンスあり！」と言われることがあります。しんどいときに下を向くのではなく、上を向いて行動することで、一気に状況が変わる可能性が出てきます。

　しんどそうな人がいたときは、この若い経営者のように、誰かが声を上げることでみんなが救われます。困ったときには助け合う気持ちを大切にしながら、みなさんもピンチをチャンスに変えられる人になってください。

このお話に込めた「とっておきの話クリエイター」としてのこだわり

　生きているといいことばかりではありません。つらい場面、しんどい場面がいきなり現れることもあります。そのときに「ピンチ」と思うか「チャンス」と思うかで、その後が大きく変わります。しんどいときに下を向きたくなる気持ちに共感しながら、上を向いて歩く大切さなどを話してみることが重要だと考えています。

55

虹の橋

素材 『虹の橋』 作者不詳・訳ふくふくやま

ポイント 学校生活に慣れてくると、友達への言葉遣いや物の使い方などが荒くなることがあります。生活科で飼育した虫や栽培した植物、自宅で飼っているペットなど身近な「命」に焦点を当て、近くにある命や存在が当たり前でないことに気づけるような語りをします。

提示 》》虹の橋のイラスト

このイラストの名前はわかりますか？ これは「虹の橋」と言います。

では、「虹の橋」とは何だと思いますか？

近くの人と話してみましょう。

近くの人と話したことを教えてください。 指名 》》

提示・演出 》》次ページの「虹の橋」の詩を読み聞かせる

演出 》》読み終えた後に間を空けて話を続ける

板書 》》「一緒にいられる時間を大切にする」

　生きている限り人は「出会いと別れ」を繰り返します。親交を深めた相手はあなたの記憶に残ります。それは、相手も同じです。別れた後もずっと心の中で生きていくのです。

　だからこそ、みなさんの今近くにいる友達や家族、関わっている動植物たちの「命」を見つめ、優しくしてあげられる素敵な人になってください。

2月

天国の少し手前に、「虹の橋」と呼ばれている場所があります。

この世界で生前、誰かと寄り添い、暮らしていた動物たちは、その命の灯が消えたとき、「虹の橋」へ行くのです。

そこには、草原や丘が広がっていて、動物たちはそこで駆けまわり、ともにじゃれあって、楽しく遊んでいます。

おなかいっぱいのごはんと、きれいなお水、そして優しい太陽の日差しに溢れていて、みんながそのあたたかな場所で、のんびりと暮らしています。

病気にかかっていた子も、年老いた子も、みんな元気を取り戻し、傷の痛みに苦しんでいた子もすっかり健康なからだを取り戻し、昔のように、そしてまるで夢のように、そこでは過ごしているのです。

動物たちは幸せに暮らしているのですが、たったひとつだけ、心を満たしていないことがあります。それは、かつて共に過ごし、愛し合い、寄り添っていた人が、ここにいないことが、恋しくて、寂しいのです。

動物たちが一緒に遊んで、駆けまわっていたある日、ある子がふっと立ち止まり、遠くを見つめていました。その子の目は、次第にキラキラと輝きだし、よろこびで震えだします。突然、その子は仲間から離れ、草原を飛ぶように走っていきます。速く、速く、それはまるで風のようです。

その子の視線の先にいたのは、共に過ごし、愛し合い、寄り添っていたあなたでした。

その子とあなたは、虹の橋のふもとで再び出会います。あなたは、愛するわが子を抱きしめ、愛情いっぱいにふれあい、二度と離れることはありません。

幸せにあふれたキスがあなたの顔にふりそそぎ、もう一度、あなたは愛するわが子を抱きしめるのです。そして、わが子の顔をのぞきこみ、見つめあっては、語りかけます。

「きみと別れてからの長い長い人生を、私は一生懸命生きてきたよ。その中で、きみを忘れたことは一度たりともなかったよ。やっと会えたね」

そしてあなたたちは寄り添いあって、共に天国へ続く虹の橋を渡っていくのです。

このお話に込めた「とっておきの話クリエイター」としてのこだわり

　私は、子どもの頃から「犬」と過ごすことが夢でした。しかし、子どもの頃はアレルギーの関係でその夢が叶うことはありませんでした。大人になり、アレルギーがなくなった今、大好きな犬と過ごしています。大好きな犬と日々過ごす中で、常に「別れ」を意識するようになりました。故郷を離れた学生時代を共に過ごした友人が今何をしているのかや、亡くなった友や祖父母のこと。そして、故郷で過ごす両親。今の自分があるのは、関わってくれたすべての人たちのおかげであることを少しでも子どもたちに理解してもらいたいと思い、この話を創りました。

日本語の美しさから周囲への感謝の気持ちを育む

「愛」で始まり「恩」で終わる

素材 ゴルゴ松本『あっ! 命の授業』（廣済堂出版）

ポイント 日本人の多くは、「ひらがな」を最初に習います。言葉の美しさを知ってもらいながらも、共に過ごす友達や家族などに感謝の気持ちを持てるような語りをしてみてはいかがでしょうか。

提示 》ひらがな表

これは何かわかりますか。そうです。ひらがな表ですね。

		あいうえおひょう							
わ	ら	や	ま	は	な	た	さ	か	あ
	り		み	ひ	に	ち	し	き	い
を	る	ゆ	む	ふ	ぬ	つ	す	く	う
	れ		め	へ	ね	て	せ	け	え
ん	ろ	よ	も	ほ	の	と	そ	こ	お

みなさんにもう一つ質問します。

「みなさんは、日本語の始まりが何かわかりますか？ 」 指名 》

日本語の始まりは、「あい」で始まります。

すべての文字の「うえ」（上）にあるのが、「愛（あい）」なんです。（ひらがな表を指でさし示す）

「愛」という字の成り立ちを見ていくと、次の2つに分けることができます。

3月

板書 》「愛」の成り立ち

「愛」の字は①「㤅（アイ）」と、②「夊（スイ）」が組み合わさってできた文字です。「㤅（アイ）」には「のけぞる、後ろを振り向く」といった意味があるそうです。

138

　みんなの中に、お家の人と「行ってきます」の挨拶をした後や、友達と遊んだ後に後ろを振り返った経験がある人もいるのではないでしょうか。いろいろなことが頭を巡り、立ち止まって振り向いてでも求めてしまうものが「愛（あい）」なのです。

板書》》「日本語の終わりは」

　日本語の始まりは、「あい（愛）」でした。では、日本語の終わりは何かわかりますか？　ひらがな表にある「をん」です。日木語の終わりは、「おん（恩）」です。

　「恩」という字は、簡単に言うと「感謝をする」ということです。小さなことから大きなことまで様々な形でみなさんは「愛」を受けています。だから、愛を受けたら「恩」で返すのが大切です。

　では、みなさんにできる「恩」返しとは何でしょうか？　**指名》》**

　「恩返し」という言葉を聞くと、とても大きなことをしないといけないように聞こえますが、そうではないと思います。いつも小さい感謝をすることが大切なのです。お金や形ではなく、「ありがとう」の一言をすぐに言えるかが大切だと思います。「産んでくれてありがとう」「支えてくれてありがとう」「遊んでくれてありがとう」などです。楽しいこと、うれしいこと、つらいこと、苦しいことと様々ですが、「生きていられること」が素晴らしいことなのです。

　愛で始まることを忘れずに生きていけば、自然に恩で終わり、また次の愛が生まれる。

　みなさんにとって、「愛」で始まり「恩」で終わる人とは誰ですか？

このお話に込めた「とっておきの話クリエイター」としてのこだわり

　みなさんが勉強を好きになったタイミングはいつでしょうか。私は中学3年生の頃に『あっ！ 命の授業』という本と出会ってから、漢字と真剣に向き合うようになりました。以降言葉の一つひとつの美しさを感じられるようになり、次第に勉強の楽しさを知ることとなりました。子どもたちに日本語の美しさを伝えながら、まわりの友達や家族への感謝する気持ちを考える機会となれば幸いです。

大廣先生の「とっておきの話」から見つけられる"とっておき"

　大廣先生は、生活科・総合的な学習の時間を中心に数多くの実践を積み重ねておられる方です。stand.fmには、ご自身の音声配信番組を立ち上げ、300以上もの放送を収録しています。まさに「継続は力なり」。そんな大廣先生の「とっておきの話」には、次の3点において"とっておき"を見つけられます。

　1つ目は、言葉と向き合う語りをされている点です。5月『ありがとうのなぞを追って』は、何気なく日常的に使う言葉の視野が広がるお話です。7月『言葉が変わると印象が変わる』のお話からは、言葉を言い換える力を感じます。9月『フェンスに打った釘』は、心ない言葉を掛けられた相手が抱え続ける心の傷をテーマに、言葉の負の側面にも触れています。大廣先生がこれほどまでに言葉にこだわる原点は、3月『「愛」で始まり「恩」で終わる』にあります。1年の最後の語りは、言葉の美しさを感じるお話で締めくくられています。

　2つ目は、素材の豊富さです。例えば、11月『努力の壺』は作文コンクールの本を素材に努力の大切さを、1月『落ちないリンゴ』はテレビ番組の内容を素材に上を向いて歩く大切さを伝えるお話となっています。2月『虹の橋』の命を題材にした素材は私も初めて知り、大廣先生の探す力に驚かされました。

　3つ目は、語りの演出部分に「何でも教えない」という学級経営観が随所に表れている点です。4月『物を大切にするということ』では、子どもたちが道具箱を出して確認するのをじっと待つ演出、6月『鎖につながれたゾウ』では、先生ご自身の挑戦の過程を自己開示する演出、10月『楽しい時間を長くするには』では、静かにして1分間子どもたちを見る演出が入ります。12月『教室の汚れは心の汚れ』の紙をくしゃくしゃにする演出は特に斬新でした。

　数多くの実践や発信を継続してこられた大廣先生だからこその、これまでの学びを通して得られた豊富な素材や語りの技術を駆使し、視野広く語りかけ、子どもたちが自分の頭で考えてみたくなるような「とっておきの話」でした。

第6章
森先生の『とっておきの話』1年の軌跡

森桂作。大阪市で11年間、そして現在は兵庫県で3年目の教師として活動しています。毎年受け持つ子どもたちが変わる中で、学校や勤務地が変わっても変わらないことがあります。それは、すべての子どもたちが「褒められたいし、認められたいし、成長したい」と願っているということです。

子どもたちが積極的な行動をとれば、私たち教師はそれを褒めたり認めたりすることができます。こうしたサポートにより、子どもたちは成長を実感することができます。その行動の原動力となるのは「言葉」であり、教師の言葉が子どもたちの「心」に働きかけます。

私は、教育活動において欠かせない「言葉」を磨き、良い「語り」を通じて子どもたちをより豊かに育てられると信じて日々努力しています。

私と『とっておきの話』 ～森先生の語り観～

日々の教育活動の中で、最も気になることはやはり子どもたちの生活態度です。子どもたちと真剣に向き合っているからこそ、良い方向に導きたいというのが教師の本能です。しかし、思いがうまく伝わらず、苦しい経験をすることも少なくありません。私自身も多くの悩みを抱えたことがあります。

「何度注意しても聞かない...」「どうしたらやる気を引き出せるのか」

トップダウン的なアプローチで、「～しなさい！」「～するべきだ！」と指示しても、子どもたちの心にはなかなか届かないものです。

しかしある日、自らの経験を語り聞かせたところ、子どもたちの中で予想以上に共感が広がりました。教師の語りが子どもたちの思考や行動に影響を及ぼすことを実感しました。ウィリアム・ウォードの言葉にもあるように、「最高の教師は、子どもの心に火をつける」のです。

今回、こうして全国の先生方の「とっておきの話」が集まることで、多くの子どもたちの心に火をつける機会が広がることに、希望を抱いています。

私が学級経営で大切にしていること　〜線で語る視点から〜

　私は昔から、楽しいものへの感覚や、何事も楽しむための心構えを持っていたように感じます。しかし、そのような感覚は誰もが持っているわけではないことを認識しています。

　実際、現代の子どもたちは、「このゲームは面白い」「このゲームは面白くない」「この授業は楽しい」「この授業は楽しくない」と何に対しても受け身で、厳しい言い方をするとお客様的で、すべてを環境や運次第として捉えがちです。私の学級で大切にしたいのは「自分事」として考えることです。

　自ら考えや意思を持って、「こうしたら楽しくなるかも」「もっとこうしたい！」と未来を切り開いてほしいと願っています。このようなきっかけとなるのが、教師の語りだと考えます。そして、その語りが子どもたちにとって最も心に響く時期やタイミングで語ることも大切です。

　語りは未来に向けて良い行動を促したり、悪い行動を予防したり、自己反省やクラスの状況を振り返る助けになります。その可能性は無限大です。

私の『とっておきの話』　1年の軌跡

57

自分の名前を大事にすることを伝える

名は体を表す

素材 同僚の先生に教えてもらった言葉

ポイント 「名前」は子どもたちが必ずと言っていいほど、毎日書くものです。毎日書くものだからこそ大切にしてほしいものですが、毎日書くからこそ、雑に、適当に書いてしまう子どもが多いのが現状です。
そういった子どもたちに名前の書き方ひとつで人の本質が見えてくるということを伝えてみましょう。

みなさんは、生まれて最初にもらったプレゼントは何かわかる？ 指名 》
（口々に言わせて、どれも素敵なものだと認めてる）

最初にもらったプレゼント…それは『名前』です。
「どんな漢字にしようかな。～な子に育ってほしいな」と願いを込めてつけられた名前です。
そして何より、心からの愛をこめてつけてもらった名前です。
だからこそ、特別なプレゼントと言えますね。

では、今プリントに書いた名前を見てみましょう。
どうですか？　大切なプレゼントである名前を、丁寧に書けていますか？

板書 》「名は体（たい）を表す」
「名は体を表す」という言葉があります。
意味は、名前はその人の性質や本質を表すということです。
名前を使ってふざけたり、人をバカにしたりする人や、名前を丁寧に書くことができない人は「名前を大事にしていない人です。つまり、適当な人間」と思われてしまっても仕方のない人だということです。
おうちの人はそんな適当な人間になってほしくてつけた名前ではないはずです。

　逆に、名前を丁寧に書くことのできる人は、「自分を大事にできる人」ということです。自分を大事にすることができる人が、まわりの人を幸せにすることができるのです。

　名前は一日に何度も書く機会があります。
　その一回一回を適当に行わずに丁寧に取り組むことで、自分という人間を、そしてまわりの人も大切にしてほしいと思います。
　さあ、改めて自分のノートやテストやプリントの名前を見てみてください。

演出 》》 ノートやプリントに書いた名前を確認する時間をつくる

　もしもっと丁寧に書けばよかったと思ったあなた、今からでも遅くはありません。

　おうちの人からもらった大切な名前、しっかり丁寧に書いていきましょう。

このお話に込めた「とっておきの話クリエイター」としてのこだわり

　名前を書く機会は、一日に何度もやってきます。
　その一回一回を大切にすることは、「親からのプレゼント」を大切にすることと同時に、「字で人となりがわかる」という視点を持つことになると気づいてほしいと思います。「名は体を表す」という合言葉で教えることで、自分の名前との向き合い方について何度も振り返ることができます。

58

整理整頓をすることで心も落ち着くことを伝える

ものがそろうと心がそろう

素材 「はきものをそろえる」 藤本幸邦（長野市円福寺住職）

ポイント 身の回りのものを片付けることで、何事も気持ちよく進めることができるはずです。口で教えるだけでなく、実際にきれいに整えることで気持ちよくなることを体感します。また、整理整頓を極めることで実際に良い成績にもつながった松虫中学校の話を紹介することで、実生活をより豊かにできることを具体的にイメージさせましょう。

板書 》》「ものがそろうと心がそろう」

「ものがそろうと心がそろう」という言葉があります。

もともとは、あるお寺の住職さんがおっしゃった言葉だそうです。

ものをそろえるというのは「自分自身を見つめる」「自分の行いを振り返る」ということにつながると考えていたのでしょう。

つまり…「**ものが散らかっていると心が乱れている。そろっていれば心が落ち着いている**」ということです。

提示 》》学級の靴箱の写真（靴が散らかっている状態）　　　　　　　挙手 》》

これは、心が落ち着いている状態でしょうか。荒れている状態でしょうか。

指名 》》

ある中学校の話をします。

先生がおはようと言っても挨拶もせず、陸上の大会に出ても負けてばかりだったという大阪市立松虫中学校の陸上部は、まさにこのことを実践しました。

それは、「**靴をそろえることを徹底すること**」です。

なんとその松虫中学校陸上部は、創部6年目にして、種目別日本一を12回も獲るまでになりました。

もちろん、靴をそろえるだけで日本一にはなれません。

しかし、靴をそろえたところから、練習に取り組む姿勢や、集中力に変化があったことは間違いありません。

　この出来事は、整理整頓を大切にすると大きな成功につながることを示しています。

　今、自分の靴箱を確認しに行きたいという人はいますか。**挙手》》**

　では、しっかり心を整えてらっしゃい。

活動》》（靴箱の靴がきれいに整えられたことを全員で確認する→確認したら、話を続ける）

　身の回りのものを整理整頓することは、自己管理や集中力の向上にもつながります。心が落ち着いた状態で物事に取り組むことで、よりよい結果を生むことができるかもしれません。

　明日からは、まずは自分の部屋や机の整理から始めてみるといいですね。

　自分の環境を整えることで、心も整っていくことを実感してみましょう。

（写真を掲示し、整った状態をいつでも確認できるようにします）

（手紙の折り方も丁寧になります）

このお話に込めた「とっておきの話クリエイター」としてのこだわり

　後日、きれいに整えられた靴箱を、写真や通信で子どもたちに伝え、そろえることの「気持ちよさ」を体感させます。

　また、「ものがそろうと心がそろう」が合言葉になると、ロッカーの中の整理や手紙の折り方など、その後も様々な場面で活用することができます。

59

反応することで相手も自分も得をすることを伝える

リアクション力を育てる

素材 オリジナル

ポイント 学校では教師からや友達からの、何らかのアクションがあります。そのアクションに対してどのような行動をとるのか。良いリアクションをとることで、自分の学びを深め、さらに発言者にも喜びや安心感を与えることを体感させます。

6月

　朝、日直が前に出てしゃべります。そのときにみなさんは何をしていますか。
　授業中、手を挙げて発表する子が増えてきました。「はい、○○やと思います！」
　それを聞いて「私もそう思う！」と思って拍手をする素敵な子もいます。しかし、中にはボーッとしたり、自分のしたいことをしたりしている子もいます。

　あるゲームをします。二人一組で行います。
　片方が自分の好きなことについて1分間しゃべります。しかし、聞き手はそっぽを向いたり、話を無視したりします。目も合わせませんよ。では、スタート！

演出 》二人一組でリアクションなしのおしゃべりタイムを1分間とる

　やってみてどうでしたか。
　「めっちゃ嫌やった」「悲しかった」「全然話せなかった」

板書 》「リアクション力」

　リアクションすることで、相手に安心感を与えます。また自分も相手のことをよく知ることができます。リアクションのポイントを教えます。

掲示 ≫

①くりかえし　　「〜が好きなんです」　　⇒「〜が好きなんだね！」

②おどろく　　　「昨日、○○を食べてさぁ」⇒「えぇー！すごい！」

③しつもん　　　「〜のときはどうだったの？」「ほかにも〜はどうなの？」

「リアクションのあいうえお」

あ…あぁ！　　い…いいね！　　　う…うんうん　え…えぇー！　　お…おぉ！

「リアクションのさしすせそ」

さ…さすが　　し…知らなかった　す…すてき　　せ…センスある　　そ…そうか！

　では、もう一度1分間、隣の人に自分の好きなことについて話してもらいましょう。次はリアクションのコツを意識してね！

　どうでしたか？　みんなの表情を見ると、違いがよくわかったみたいですね。

　まわりがリアクションをとってくれる、反応してくれる、これだけで安心感が生まれます。

　良いことは話し手だけじゃありません。聞き手にとっても良いことがあります。

　授業をイメージしてください。目を合わす、手を挙げる、発言する、メモをするなど、1時間に何回もリアクションをとるチャンスがあります。

　このチャンスを見逃さない人は、必ず成長します。

　リアクション力を身につけることによって、これからの人生がより豊かになると私は思います。

このお話に込めた「とっておきの話クリエイター」としてのこだわり

　6月にもなると、クラスにも慣れが出てきて反応が薄くなることもあります。発表者や話し手が安心してしゃべるためには、フォロワーである聞き手の存在が大きく関わってきます。聞き手が育つと、安心して発言できる空気が生まれます。結果的に、話し手も育ちます。

　「リアクション力＝反応すること」は、すぐに身につくことではありません。教師がどれだけ点ではなく線の指導を続けていけるかが大事だと思います。

60

人の良いところを見る大切さを伝える

どちらに目がいきますか?

素材 「ゲシュタルトの欠けた月」，道徳「よいこととわるいこと」（「どうとく
きみがいちばんひかるとき」 光村図書）

ポイント 人は無意識だと必ず欠点に目がいってしまいます。そうではなく、
意識して良いところに目を向ける大切さを語ってみましょう。

7月

提示 》 ドーナツの写真

A   B

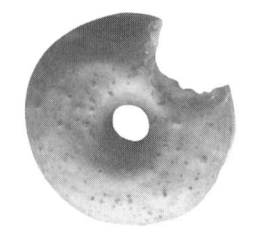   

AとB、パッと見たときに
どちらに目がいきますか?

指名 》

なるほど、Aの方が多いみ
たいですね。

提示 》 教科書の写真

写真の中にいる子は、何をしていますか?

多くの人が「悪い」行動に
目がいっていました。

最初のドーナツのように、
2つの円を見比べたときに、
つい欠けたところに目がいく
のは人の本能です。

無意識に生きると、人はついこのように粗探しをしてしまいます。

　教室で頑張っている子よりも、ついふざけたり遊んだりしている子に目がいきます。何も考えず学校生活を送っていると、友達同士で褒め合うことよりも、注意し合う数の方がきっと多くなるでしょう。

　何度も言うように、人間とは無意識でいると、そうやって不完全な部分に目がいってしまう生き物なのです。

　逆に、良いところを見つけるには「意識する」力が必要です。

　世の中で完璧な人間なんていません。みんなどこか欠けているものです。それが人間です。

提示 》》

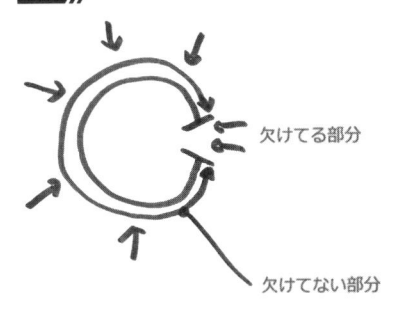

欠けてる部分

欠けてない部分

この円を見てもわかるように、欠けているところよりも、きれいにつながった部分の方が大きいものです。

できていないところ、不完全なところに目がいきがちだからこそ、人の良いところを意識的に見ていく努力をしていきましょう。注目するのは、できている部分です。

　今も「できている」ところ、「良い」ところが溢れています。

　それを見つけることができたら、きっとみなさんの人間関係はより豊かなものに、そしてさらに素敵な学級になっていくでしょう。

このお話に込めた「とっておきの話クリエイター」としてのこだわり

　実際に自分がどこに目がいくのかを体感させるところから始まります。そして、それが本能的な行為であることを知った上で、意識的に「良いところ」に目を向ける素晴らしさを語りましょう。

61

友達と協力して学ぶよさを伝える

学校で学ぶ意味を考える

素材 中村健一先生のセミナーでのアイスブレイク

ポイント 子どもたちからは、自分の課題が終われば終了、どれだけ早く終わらせられるかなど、自分だけの世界として学習する姿も見られます。そうではなく、学校では協力して学ぶこと、そうすることで新たな成長が現れるというよさを伝えましょう。

9月

①「木（きへん）」の漢字を思いつく限り書いてみましょう。
　友達と相談はしません。はじめ。 活動 》①に取り組む
　いくつ書けましたか？　ノートの端に①と書いて書けた数をメモしましょう。

②「木（きへん）」の漢字を隣の人とペアで話し合って書いてみましょう。
　はじめ。 活動 》②に取り組む
　いくつ書けましたか？　ノートの端に②と書いてメモしましょう。
　①のときより増えた人？ 挙手 》

③「木（きへん）」の漢字を班の4人と話し合って書いてみましょう。
　はじめ。 活動 》③に取り組む
　いくつ書けましたか？　ノートの端に③と書いてメモしましょう。
　②のときより増えた人？

④「木（きへん）」の漢字を発表してください。 指名 》（発表された漢字を板書する）
　「あっ、確かに！」と思ったものがあればメモしていいですよ。
　いくつ書けましたか？　ノートの端に④と書いてメモしましょう。

　①から④になるにつれてどんどん数が増えていきましたね。
　①のときと④のときを比べると何倍にもなった人もいるでしょう。

これが学校で学ぶ意味です。

一人の力では限界があります。しかし、こうやって考えを共有すると、とてつもない力になるのです。

また、個人の「できた！」「終わりました！」だけが大切なのであれば学校で学ぶ意味はありません。

学校に来て学ぶことの意味は何でしょう。 指名 》》

先生が思う学校で勉強する意味は、
〇昨日の自分より賢くなること
〇みんなで今日の勉強がわかること
〇誰かのために説明ができたり、行動ができたりすること　です。

さあ、今日も協力し合って、支え合って、励まし合って学んでいきましょう。

このお話に込めた「とっておきの話クリエイター」としてのこだわり

夏休みが明け、改めて学校で学ぶ意味について考えます。
友達のおかげで成長できることへの感謝、友達の成長に携わることができる喜びを意識させます。そうすることで、自分から進んで仲間と共に成長しようとする温かい雰囲気をつくっていくことができます。

62

どんな人だと思う?

[素材] 社会科の教科書、「北亜墨利加合衆国水師提督ペルリ之肖像」

[ポイント] 見る視点によって相手をどう捉えるか異なるということを体感させます。そうすることで、友達の新たな一面を見ようとする態度を育てます。

提示 》①の写真

①この写真の人は、どんな人だと思いますか? [指名 》]
［予想される子どもの意見］
外国のおじさん
外国のえらい人
イケメン

②この写真の人は、どんな人だと思いますか? [指名 》]
［予想される子どもの意見］
怖そう
何かに怒っている
天狗！

③今まで自分の仲間以外の話を全く聞かずに、ずっと自分たちの世界で閉じこもっていた国がありました。あるとき、遠い国から現れた一人の男がその国の人たちに新しい知識や文化を伝えました。そうしてその国は、新たな知識や技術を

身につけ、さらに発展していきました。

その男の人とは、どんな人だったと思いますか？ 指名 》

［予想される子どもの意見］

優しい　　賢い人　　カリスマ！

④別のお話をします。ある平和な国に、一人の男がたくさんの武器を持った多くの仲間を従え「俺たちの仲間になれ！　さもないと……」と言って攻め込んできました。

その男の人とは、どんな人だったと思いますか？ 指名 》

［予想される子どもの意見］

怖い　　自分勝手！　　ジャイアン！

実は①〜④の人は、すべて同じ人です。江戸時代に、黒船と呼ばれる大きな船に乗って日本にやってきた「ペリー」という男性です。

当時日本は他の国とは関わっていませんでしたが、ペリーが来たことで、結果いろいろな国と関わるようになりました。しかし、日本人の視点から見ると、ペリーは怖い外国人で、侵略者に見えたのですね。

だから、同じ人でも、同じ出来事でも、視点が違うと感じ方や捉え方が変わってきます。これは歴史を学ぶときに大切なことです。そして、人と付き合っていく上でも重要なことです。

すぐに決めつけたりするのではなく、他にどんな見方、考え方ができるか、一度考えてみましょう。その人や起きている出来事について、もっと知ろうとする姿勢が大切ですね。

このお話に込めた「とっておきの話クリエイター」としてのこだわり

秋には遠足や修学旅行でのグループ決めがあります。クラスメイトへの視野をさらに広げるために、この語りを行います。この語りがあることで「新たな一面を探してみよう」というめあてをもって友達と関わることができます。

63

わからないと言える大切さを伝える

聞くは一時の恥　聞かぬは一生の恥

素材 ことわざ（友人に教えてもらった話）

ポイント 高学年にもなると、人に聞くことに恥ずかしさを感じる子も出てきます。聞くことで学びが深まること、わからない・できないを伝えるのも勉強の一つということを価値付けましょう。

　ある会社の入社試験で、こう聞かれたそうです。

　「合言葉があります。それは何でしょう？　答えられるのは1回だけです。間違えたら不合格です」

　みなさんなら、なんて答えますか？ 指名 》》

　答えは「わからないので、教えてください」だそうです。

　わからないから聞く。これは小学生でも、大人になっても大切なことです。

　わからないことがあったとき、人がとってしまう行動には、次の3種類があります。

　①わからないままでいる

　②知っているふりをする

　③聞く・調べる

　「聞くは一時の恥　聞かぬは一生の恥」という言葉があります。

　「知らないことを尋ねるのは、その場は恥ずかしい気がするが、聞かずに知らないままに過ごせば、生涯恥ずかしい思いをしなければならない。知らないことは積極的に尋ねるのがよい」という意味のことわざです。

　知らないことを尋ねるのを恥ずかしがる人がいます。

　わからないことを聞くことは、一時的な恥かもしれません。

11月

しかし、それはチャンスであり、成長のための第一歩でもあるのです。
　逆に、わからないことを聞かないで知らないままでいることこそ、一生の恥であり、損をすることもあるかもしれません。

　人はそれぞれに得意不得意があります。
　知っていることも、知らないこともあります。
　教室を見渡してください。たくさんの人が、たくさんの知識を持っています。

　わからないことを聞くことや学ぶことに恥ずかしがる必要はありません。
　むしろ質問を通じて、新たな知識や理解を得ることが成長につながります。
　「わからない」「できない」と認めるのも勉強のうちです。
　もちろん何も考えず、何も努力せず、「できない」というのは諦めです。
　しかし、一生懸命努力した末に出た「わからない」「できない」というところから「教えてほしい」という学ぶ姿勢は、未来につながる第一歩となります。

　「聞くは一時の恥　聞かぬは一生の恥」です。
　ここには助けてくれる仲間がたくさんいます。
　「わからない」「できない」を、みんなで支え合って、「わかる」「できる」にどんどん変えていきましょう。

このお話に込めた「とっておきの話クリエイター」としてのこだわり

　「わからない」は言えても、「教えてほしい」とは言えない子がたくさんいます。「わからなければ聞けばいい」。その価値が広がること、そして、誰とでも協力し合えるクラスの雰囲気づくりが大切になってきます。

64

公での態度を育てる

思うのは自由。だけど……

素材 オリジナル

ポイント 「嫌なものは嫌！」「それはやりたくない！ 面倒くさい！」。子どもたち
は思ったことをすぐに口にします。どう思うかは自由です。しかし、それを言
葉や態度に表してしまうと、まわりの雰囲気も崩してしまうことに気づかせま
しょう。

「A さんはトマトが嫌い」「B さんはトマトが大好き」
「C さんは国語が苦手」「D さんは国語が得意」
など、人によって好き嫌いや、得意不得意が違ってきます。
それを「個人差」と言います。

人によっては格好よく見えて、人によってはダサく見える。
人によってはおいしくて、人によってはまずい。
人によっては心地よくて、人によっては落ち着かない。

このように感覚的なものも、人によって違います。
この感覚は変えようがありません（成長につれ変わっていくことはありますが）。
だからこそ、自分以外の人との「違い」があるのは当たり前のことです。
しかし、人間は「違い」を嫌います。

あいつは「普通」じゃないから。
あの人はみんなと違うから。
私はあの人とは違うから。
もう一度言います。違いは、あって当たり前なのです。

そんな違いと出会ったとき、どのような態度や言葉に出すかで、「人としての器」のようなものが見えてきます。心の成長具合とも言えます。

「思うのは自由だが、でも言うのは自由じゃないのです」

　どう思うかは自由です。

　嫌いと思おうが、見たくないと思おうが、それは結構です。

　しかし、それを「言葉」に出したり、「態度」に出したりしていいかとなると話は変わってきます。

　想像してみてください。

　怒りや苛立ちをすぐに態度や言葉にする人は好きですか?

　一方で、どんなときも、誰に対しても笑顔で優しい言葉で接する人は素敵だと思いませんか?

　例えば、席替えのときでもそうです。

　席替えは、好きな人が隣になることも苦手な人が隣になることもあります。

　極端な話、とっても嫌いな人が隣になったとしても「やった!」と笑顔をつくることで良い雰囲気がつくられます。

　どんな相手でも、プラスの態度や言葉を使える人は素直に尊敬できます。そして、そのような人の人生はきっと幸せに決まっています。

　どんなことでも、自由。しかし、それを態度や言葉に出すかどうかは、少し考えてみてもいいかもしれません。

　出すことによって、その人に責任がついてくることになります。

　もちろん良い部分は、たくさん態度や言葉に出していきましょう。

　温かい雰囲気をつくり出せるかは、いつでも自分たち次第です。

このお話に込めた「とっておきの話クリエイター」としてのこだわり

　素直、正直、自由などをはき違えている子どもたちは一定数います。

　どのような態度をとるのか、どのような言葉を使うのか、そこには必ず相手を思いやる心が必要です。一方で「心の中ではどう思おうが自由だよ」という心の逃げ道を少しつくってあげるのも大切です。

65

少しの積み重ねが、いずれ大きな成長となることを伝える

0.99と1.01の違い

素材 「1.01、0.99の法則」

ポイント 自分の普段の頑張りが「1」だとしたら、少しサボると「0.99」、少し頑張れば「1.01」。大した差はないように感じますが、その毎日を積み重ねると大きな差に変わってくることを伝えましょう。

おはようございます。今日も学校での一日が始まります。

今日も朝から元気な人？ 挙手≫　今日、少ししんどいなぁって人？ 挙手≫

いろいろな人がいると思います。すっごく頑張れとは言いません。みなさんには昨日より、ほんの少しでいいから頑張ってほしいと思っています。

今日一日を「よし、昨日より少し頑張ってみよう！」と過ごす人は1.01の力を出したとしましょう。

今日一日を「まっ、これくらいでいいよな」と過ごす人は0.99の力を出したとしましょう。

1.01と0.99は、ほとんど差はありません。

しかし、それを365日、つまり1年経つと大きな差が生まれるのです。

1.01を365回かけると、約38に。

0.99を365回かけると、約0.03に。

つまり0.01だけでも努力したのであれば、それを毎日続けると、1年後には、はじめの38倍に成長した自分になるということです。

逆に、-0.01だけでも怠けると、1年後には現在の0.03倍になります。

あなたはどちらになりたいですか？

毎日のちょっとした頑張りが、こうして1年後に大きな成長をもたらすのです。

1月

最近は、自分から挨拶できる人が増えてきました。

授業中に、挙手の回数が前よりも多くなった子もいます。

音読の声が、少しずつ聞こえやすくなってきた人もいます。

外遊びから、授業に間に合うように素早く行動できる人も増えてきました。

掃除の時間にあれだけおしゃべりしていた子が、黙々と掃除を行う姿も見られました。

ほんの少しでいいのです。

昨日の自分を乗り越えようとしてみてください。

さらに、毎日のように自分で自分のやる気スイッチを入れて、朝から過ごしている人がいます。逆に、毎日のように先生や友達にスイッチを入れてもらって過ごしている人もいます。

この1年が終わったとき、それはそれは大きな差になっていることだろうなと先生は思います。

さあ、今日一日もやる気スイッチを自ら押して、少しでも昨日より成長していきましょう。

このお話に込めた「とっておきの話クリエイター」としてのこだわり

子どもたちにとって、毎日とは「いつもと変わらぬ毎日」なのです。その毎日の少しでも怠けることを続ければ、1年間で大した成長は見られません。しかし、少しでも努力を積み重ねると、1年後大きな力に変わっていることを伝えたいと思いました。この語りは新年を迎え、心新たに頑張ろうとする時期に最適です。

66

自分たちで良い雰囲気（ムード）をつくる大切さを伝える

ムードをつくる

素材 金大竜先生のセミナーでの語り

ポイント ムードに流されて行動している子どもはたくさんいます。自分がそのムードをつくる一人になっていることを知ることから始めていきましょう。そして、良いムードにするためにできることを考えさせましょう。

「人はルールより、ムードに従う」。そのような言葉があります。

「走ってはいけない」のはわかっているけど、つい友達が走っていたら一緒に走ってしまう。「うるさくしてはいけない」のはわかっているけど、おしゃべりを始めてしまう。

その場の雰囲気、いわゆるムードで自分の行動を決めてしまうことがあります。

言っている意味をイメージできる人も多いのではないでしょうか。

学校という組織に属して毎日を過ごしていると、教室内のムードが日々変わることを感じますよね。

このムード、一体誰がつくっているのでしょうか。

ムードをつくるのは先生の役割ではないか、という意見もあります。

あなたはどう思いますか。

私は、ムードというのは、そこに関わっているすべての人たちによって、つくられるのではないかと思います。

その場に表れているムードを察知することが、先生の大きな役割の一つですが、何度も言うように先生一人がムードをつくり出しているわけではありません。

その場のムードをつくっているのが、自分も含めたそこに関わっているすべての人たちなのだと、各自が自覚することがとても重要です。

つまり、あなたのその佇まいが、場に大きく影響を与えているのです。

2月

・興味のなさそうな表情をしている。
・話を聞かず、自分の好きなことをしている。
・椅子にのけぞって座っている。

　そんな小さなことが、実はとても大きく場に影響を与えています。

　例えば、イライラして表情が厳しく、言葉が乱暴な人が一人いるだけで教室は重苦しいムードになります。

　例えば、話を聞かないといけないときなのに、一人がおしゃべりをすると、しゃべってもいいというムードができてしまうこともあります。

　「私一人くらい…」と思う人もいるかもしれませんが、人は意識せずとも、まわりの人の表情や言葉、体の姿勢から気分を読み取り、気分と気分が重なってムードができていきます。

演出 》》子どもたちが話を聞く姿を一人一人確認する

　今、私の話を真剣に聞いてくれている人がたくさんいます。

　姿勢を正し、目を合わせてくれています。そんな人がたくさんいるから「今は話を聞くとき」というムードがつくられているのです。

　素敵なムードをつくってくれてありがとう。

　一番重要なのは、それぞれの人たちが良いムードをつくろうという姿勢で臨むことです。

　みんなが、どのような行動をとるかで、その場のムードがつくられます。

　どんなムードをつくりたいか、そのために自分はどのような言葉や態度をとるのか、改めて考えていきましょう。

このお話に込めた「とっておきの話クリエイター」としてのこだわり

　次の学年が見えてくるこの時期は、浮足立つ子どもも多く見られます。「走ってはいけない」のはわかっているけど、つい友達が走っていたら一緒に走ってしまう。「うるさくしてはいけない」のはわかっているけど、おしゃべりを始めてしまう。

　このように、まわりのムードに流されている自分がいることを自覚させます。そして自分の行動がムードをつくり、全体の行動につながっていくということを知ってほしいと思います。

67

友達の大切さを伝える

困ったときの友が真の友

素材 「まさかの時の友こそ真の友」（英語のことわざ）

ポイント 誰もが「友達がいてよかった」と思うことを経験しているはずです。どんなときに友達に救われたのか、または救ってあげたのか、経験を振り返ります。友達の存在のありがたさを再確認し、友達との関係について考える機会にしましょう。

みなさんが、「友達がいてよかった」と思うときはどんなときですか？ 指名 》
[予想される子どもの意見]
一緒に遊んでいるとき
おしゃべりをして笑っているとき
「頑張れ」と応援してくれたとき
ゲームのやり方を教えてくれたとき
ケガしたときに「大丈夫？」と声をかけてくれたとき
わからない勉強を教えてくれたとき

　なるほど。みなさんの表情を見るだけで、素敵な友達がたくさんいることがわかります。では、こんな友達はどうでしょう。

提示 》
○宿題を全部代わりにやってくれる友達
○授業中に関係ない話をしゃべりかけてくる友達
○誰かを困らせようといたずらをする友達
○廊下などで鬼ごっこをしようと提案する友達
○自分がつい悪いことをしたときに一緒に悪さをする友達

　みなさん、さっきと違ってあまりいい表情ではありませんね。

3月

今言った内容は、友達がいることが一見良いように見えても、実際には望ましくない行動につながる場合の話です。

これは「真の友」と言えますか。

そう、悪い行動につながるのであれば「真の友」とは言えませんね。

板書》》「困ったときの友が真の友」

困っているときに手を差し伸べてくれる友達こそが、本当に大切にすべき友達であるという意味です。

「遊んでいるときだけ、楽しいときだけ友達」というのは簡単です。

しかし、「ケガをしたときに『大丈夫？』と駆け寄ってくれる友達」「わからない問題があればアドバイスをしてくれる友達」「思い荷物を運んでいるときに手伝ってくれる友達」。そんな友達こそが、「真の友」として大切にすべき友達です。

君たちはこの1年間で多くの「真の友」と出会えました。

いや、関わり合ううちに「真の友」になったのでしょう。

1か月後は新たなクラスになっています。

「困ったときの友が真の友」です。今までの友を大切にし、そして新たな真の友を見つけてください。そして、誰かにとっての真の友になれるように。

これからもみなさんの友達との素敵な日々を願っています。

このお話に込めた「とっておきの話クリエイター」としてのこだわり

「友達がいる」ということが学校に行く意味となっている子はたくさんいるでしょう。ほぼ全員と言っても過言ではありません。しかし、その友達との関係性を深く考えたことは少ないでしょう。そこで、どんな人が「真の友」と言えるのかを考えさせます。今までの友達を大切にしつつ、新たな真の友を見つけること、誰かの真の友になる素晴らしさを伝えたいと思います。

森先生の「とっておきの話」から
見つけられる "とっておき"

　森先生は、大阪市と兵庫県で積み重ねてこられた14年間の教師人生を振り返り、すべての子どもたちが「褒められたいし、認められたいし、成長したい」と願っているという真理にたどり着きます。その願いを叶えるには、教師の言葉の力が重要であると思いの丈を語っておられます。そんな森先生の「とっておきの話」には、次の3点において "とっておき" を見つけられます。

　1つ目は、子どもたちの生活態度の変容を目指している点です。4月『名は体を表す』5月『ものがそろうと心がそろう』では、名前を丁寧に書かない子や物をそろえられない子など、教師として見逃せない、学校生活において気になる子どもたちの生活態度の変容を目指しています。年度末が近づく2月に『ムードをつくる』のお話をすることで、1年間を通して生活態度の変容の価値を伝え続けていることがわかります。

　2つ目は、6月から相手意識をもたせるお話を届け続けている点です。6月『リアクション力を育てる』や7月『どちらに目がいきますか?』では、相手と対峙したときの反応の仕方や心の在り方について語られています。その後の9月『学校で学ぶ意味を考える』10月『どんな人だと思う?』11月『聞くは一時の恥　聞かぬは一生の恥』12月『思うのは自由。だけど……』でも、すべて相手意識を持たせるお話が線となって毎月続いていきます。個々の生活態度の変容には、相手意識を持たせる語りも欠かせません。3月『困ったときの友が真の友』では、意識させてきた相手が「真の友」に変化していく過程を振り返ることができます。

　3つ目は、何事も自分事に捉え、自分の成長を楽しむ生活態度を養おうとされている点です。1月にあえて『0.99と1.01の違い』のお話をするのは、「自分の成長に向け、まだまだ積み重ねていけるよ!」という、森先生自身が子どもたちの成長をこれからも見つめ続け、楽しむ態度があるからこそではないでしょうか。

　目の前の子どもたちの生活態度の変容を目指す森先生だからこその、語りが線となってつながり、言葉の力を感じる「とっておきの話」でした。

第7章
星﨑先生の『とっておきの話』 1年の軌跡

　星﨑啓介。神奈川県の公立小学校に勤める40代教員。妻と2人の娘、そして、一匹の犬の4人家族。道徳教育や道徳授業について研究し続けてかれこれ15年以上。知・徳・体の中でも、知や体の使う方向性を左右し、子どもたち自身の幸せにつながる心の教育の在り方を夢中で追い続けてきました。子どもたちの成長を感じることが何よりの幸せです。教員人生大変なこともありましたが、今まで続けてこられているのは、愛する家族、関わってきた子どもたち、そして、先生方のおかげです。そんな感謝を胸に、今ここに生きています。

私と『とっておきの話』　〜星﨑先生の語り観〜

　『とっておきの話』とは、子どもをよりよい成長に導くきっかけとなるものだと考えます。押しつけの指導で子どもを変えさせようとしても子どもは変わりません。それは、子どもが「変わりたい」と思っていないからです。

　では、「変わりたい」と思えるときはいつなのでしょうか。それは、心揺さぶられるような強烈な出会いがあったときではないでしょうか。『とっておきの話』は、よりよく生きようとする人間の心を内包しています。つまり、子どもにとって『とっておきの話』との出会いは、他者との出会いに近いものがあるのではないでしょうか。

　しかし、この『とっておきの話』をＡＩ音声で子どもに伝えたらどうでしょうか。一定の影響はあるかもしれませんが、『とっておきの話』の持つ真の力を発揮するには至らないでしょう。やはり、心ある人間が語ってこそ。「語る」とは、「吾」を「言葉」にしたものです。つまり、『とっておきの話』の語り手である「あなた自身」を『とっておきの話』に重ねて語ることで、子どもの心に火をつけることができるのです。子どもの心と『とっておきの話』の心と語り手の心の響き合い。この三位一体の響き合いに私は感動を覚えます。

私が学級経営で大切にしていること　〜線で語る視点から〜

　発達段階による違いはもちろんありますが、私はどの学年を持ったとしても、「人間のよさを追い求め、よりよい生き方を希求し続けようとする豊かな心」を子どもたちに育みたいと考えています。これは、大目標になります。

　そして、その目標に向かっていくための4つの視点を持っています。

　①他でもない自分自身を大切にし、その可能性へ向かっていこうとする心

　②他者を思いやり尊重し、他者と共に生きていこうとする心

　③集団の調和を大切にし、みんなと共に生きていこうとする心

　④自他の生命を大切にし、精一杯生きていこうとする心

　これらを1年間常に意識して学級経営をしていくことで、線の学級経営につながります。点と点をつなぐことも線ですが、こうした「もと」となる信念、理念を持ち続けることも線としてのつながりを生むのではないでしょうか。

　学級経営は、子どもたちという生の人間を相手にするため、すべて意図的・計画的にはいきません。常に目の前の子どもたちと学級をつくることを大切にし、竹のような節を持ち、しなやかな柔軟性を忘れずにしたいものです。

私の『とっておきの話』　1年の軌跡

4月の話	『原石を宝石に』	p.170
5月の話	『「負け」を強さに』	p.172
6月の話	『「もったいある」をたくさんに』	p.174
7月の話	『ＡＢＣＤ』	p.176
9月の話	『習慣は第二の天性なり』	p.178
10月の話	『嘘つきは泥棒の始まりって本当？』	p.180
11月の話	『かけ算の協力』	p.182
12月の話	『トイレには神様が宿る』	p.184
1月の話	『人生のオフ・ザ・ボール』	p.186
2月の話	『命のバトンを受け継いで』	p.188
3月の話	『ヒト・人・人間』	p.190

68

個性を認め合い、磨く大切さを伝える

原石を宝石に

素材 ダイヤモンドについて調べた内容

ポイント 新しい学年に希望を抱いているこの時期だからこそ、自分らしく自分を磨いていくきっかけを持たせたいです。宝石と個性を重ね、そのどちらにも共通する「原石」という言葉を窓口に、自分らしく成長しようとする心にアプローチすることを試みたいです。

提示 》 原石のイラスト

これは何ですか。ただの石ではありません。これは、原石です。原石とは、宝石になるもととなるものです。つまり、この原石が美しい宝石へと変わっていくのです。

でも、このままでは宝石にはなりません。もしもあなたが「自分だけの宝石が欲しい」と思ったら、どうすればいいのでしょうか。宝石店で買ってきても「自分だけの宝石」にはなりませんね。

掲示 》 原石と宝石のイラスト

板書 》 下図を書きながら語る

宝石を欲しいと思う→	原石を探して見つける→	原石を磨く→	宝石になる
（思い）	（行動）	（努力）	（実現）

　まず、「宝石を欲しい」と思うことから始めましょう。「～したい」という思いは、実現に向けたスタートです。でも、「宝石を欲しい」と思っていても宝石は決してやってきません。原石を探して見つけるため、スタート地点から一歩を踏み出す行動を起こしましょう。

　ですが、このままではせっかく見つけた原石は原石のままです。原石を何度も研いで磨いて、宝石にしていきます。すぐには宝石にはならないかもしれません。でも、磨かなければ美しさは顔を出しません。磨き方は人それぞれ違うからこそ、「自分だけの宝石」ができ上がるのです。

　これは、宝石だけではありません。人間も同じですね。では、人間にとって、原石に当たる部分は何でしょうか。それは、あなたたち一人ひとりの個性です。その個性は、もしかしたらまだ見つかっていないかもしれません。眠っているかもしれません。でも、欲しいと思っても、探そうと行動しなければ見つかりません。見つかっても、磨かなければ個性は原石のままです。

　思って、動いて、磨いて…やっとその個性は、あなただけの自分らしさとなるのです。

　新しいクラス、新しい友達、新しい先生との1年間で、どんな自分らしさを磨いていけるか楽しみですね。ここ（教室）には、みんながいます。不安な人は、大丈夫。みんなで見つけて、みんなで磨いていけばいいのです。自分らしさが集まった、そんな〇年〇組を、みんなで磨いていきましょう。

このお話に込めた「とっておきの話クリエイター」としてのこだわり

　人間は、美しいものに惹かれ憧れます。それは、宝石のようなものだけでなく、人間の心の美しさにも惹かれていきます。個性を宝石と重ねて考えることで、子どもたちの美しいものに惹かれ憧れる心に訴えることができます。また、不格好な原石が磨かれていくことは、人間の成長に重ねることができます。教師だって、何歳になっても原石。自分を磨くことを忘れたくないものです。新学期、はじめの一歩を素敵な語りから始めましょう。

69

「負け」を見つめ直し、自分の成長と他者へのリスペクトにつなげる

「負け」を強さに

素材 相田みつをの詩『受身』

ポイント 勝敗に執着してしまい、勝敗がすべてだと思い込んでいる子や、逆に勝敗に対してドライで負けたことに何も感じない子に対して、「負けること」の意義を伝えることで、今後の自己の成長や他者へのリスペクトにつなげたいです。

掲示》柔道「投げ技」の写真やイラスト

　これは、柔道で相手を投げる場面です。柔道の勝敗は、相手を投げて、相手の背中を畳につけることで決まります。柔道は、日本のお家芸とも呼ばれていて、オリンピックや世界大会でも多くのメダルを獲得しています。これだけ強い柔道。投げ技をたくさん練習していると思いますよね。しかし、柔道で基本にしているのは、投げ技ではありません。受身という体の使い方を基本としています。

掲示》柔道「受身」の写真やイラスト
　受身とは、相手に投げられた際に、腕などを畳にたたきつけ、その衝撃を和らげ、ケガをしないようにする体の使い方です。つまり、柔道は負けることを前提にして練習をしているのです。

板書 》「負けること」と書き、まわりにその意義を追記していく

では、なぜ負けることを柔道では基本にしているのでしょうか。先生が好きなこんな詩があります。この詩から考えてみましょう。

読み聞かせ 》相田みつを「受身」の詩

人生において、勝ち続けることは絶対にできません。だから、負けることは、恥ずかしいことではないのです。負けてもいい。でも、その負けから学び立ち上がればいいのです。そんな人には、負けから立ち上がる強さが身につきます。

また、負けることでしかその痛みや苦しみはわかりません。負けた人は、その気持ちがわかるようになります。そうすれば、友達への優しい強さが身につきます。

人間を大きく成長させるのは、負けたときかもしれません。その負けから逃げずに受身のように全身で受け止めたとき、負けを大切にできる心、負けに負けない心を育てることができます。

あなたがこれから出合うたくさんの「負け」にはこんな意味があります。あなたの「負け」も友達の「負け」も同じです。「負け」を大切にできるようになったあなたの可能性は、さらに大きく広がっていきますよ。

このお話に込めた「とっておきの話クリエイター」としてのこだわり

自分の人生を振り返ったとき、勝敗にとらわれて自分の成長のチャンスを大きく逸してきたことに気づいたからこそ、この話を伝えたいと強く思いました。また、自分の全力をもって挑んでもうまくいかないことがあり、どん底も味わいました。でも、それを乗り越え今自分はここに立っています。それは、自分の「負け」を温かく受け入れてくれたまわりの人々のおかげ。「負け」に負けなかった心のおかげ。

体育や運動会など、勝敗の関わる物事に関連して話をしたいですね。

70

目に見えないものを見ようとすることの大切さを伝える

「もったいある」をたくさんに

素材 「もったいない」について調べた内容

ポイント 人は、目に見えるものをすべてと捉え、軽率に価値判断をくだしてしまうことがあります。それは、実は「もったいない」こと。その「もったいない」という言葉を窓口に、見えないものを見る視点を与え、見えないものも大切にできる生き方のヒントを子どもたちに伝えたいです。

6月

板書 ≫ (語りながら)「もったいない→勿体ない (大切なものを失っている)」

　「もったいない」。この言葉を聞いたことはありますか？ 「給食をこんなに残してもったいないよ」。このように使うことがありますね。ところで、この「もったいない」という言葉はどのような意味なのか、考えたことはありますか？ もし、考えたことがないなら、それは「もったいない」かもしれませんよ。

　「もったいない」は漢字で「勿体ない」と書きます。「勿体」とは、「大切なもの」ということです。それが「ない」。つまり、「もったいない」とは「大切なものを失ってしまっている状態」のことなのです。

　先ほどの「給食」で考えてみましょう。給食を食べるためには……。

提示 ≫ 図1

【仕事】
①配膳をしてくれた給食当番さん
②給食ワゴンを運んでくれた学校作業員さん
③調理してくれた調理員さん
④栄養バランスを考えて献立をつくってくれた栄養士さん
※他にも、様々な人々の仕事があります。
【命】【自然】
①まだ生きられるはずだった動植物の命
②その動植物のご先祖さまの命

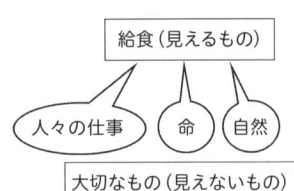

図1

③調理の電気や火、食材運搬のガソリンも自然エネルギーがもとであること

　給食一つだけとっても、「失ってはいけない大切なもの」はたくさんありそうです。私たちは、たくさんのものとつながって、支え合って生きています。「もったいない」。心がつぶやくその瞬間に、その見えるものだけでなく、見えないものまでも大切に思う「尊敬」の心が生きています。

提示 》》図2

　この「もったいない」の考え方。これを「人生」に使ってみましょう。私たちは、普段「もったいない」生き方をしていないでしょうか。命の重さ、今という時間の大切さ、そばにいてくれるあの人のかけがえのなさ、支えてくれる人々のありがたさ……。自分の心の中にあるはずの大切なものを見

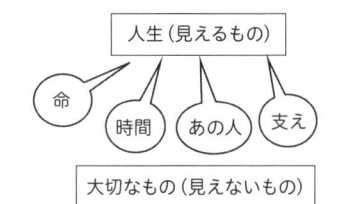

図2

失ってしまい、日々ただ何となく生きてはいないでしょうか?

　「本当に大切なものは目に見えない」(『星の王子さま』　サン・テグジュペリ)からこそ、「もったいない」の言葉を心の目の代わりにして、「もったいある」生き方を目指してみませんか。大切なものを大切にして生きる「もったいある」生き方。「もったいない」という心のつぶやきが、その生き方を導く、コンパスになるかもしれません。

このお話に込めた「とっておきの話クリエイター」としてのこだわり

　目に見える現象の世界に人間はとらわれてしまいがちです。しかし、その現象には目に見えない様々な本質が隠されています。その簡単には目に見えない本質の部分があることを知ることで、物事を考えるときの視点になります。その視点を用いて、物事を注意深く丁寧に見ることで、人生をより豊かに感じることができるのではないでしょうか。

71

当たり前のことを当たり前にできる大切さを伝える

ABCD

[素材] 凡事徹底に関わるABCD理論と森信三（教育哲学者）「躾の三原則」

[ポイント] 一見できて当たり前のような簡単なことだが、それを当たり前のように行うことは難しいものです。でも、その当たり前ができるようになろうとする心こそ、自分を律することにつながります。キャッチーなABCDを合言葉に、学級全員で共有したい考え方です。

7月

[板書]》「ABCD」

ABCの歌かな？ 歌ってみましょう！ さんはい。

あれ？ Dで終わってしまいましたね。実は、これはこんな意味があるのです。

[板書]》右図

Aは「当たり前のこと」、Bは「バカにしない」、Cは「ちゃんとやる」、Dは「どこでも　どんなときでも　誰とでも」です。それぞれの頭文字、最初の文字をABCDで表しています。これを続けて読むと「当たり前のことをバカにしないでちゃんとやる。どこでも、どんなときでも、誰とでも」となります。

A「当たり前のこと」とは、人間としていつもできた方がよい言動を指します。「人間として当たり前のこと」とは、どのようなものがあるでしょうか？

A	当たり前のこと
B	バカにしない
C	ちゃんとやる
D	どこでも どんなときでも 誰とでも

指名 >> 「当たり前のこと」について様々な視点を持たせる

B「バカにしない」とは、物事への向き合い方です。これができると、物事にきちんと向き合う心につながります。

C「ちゃんとやる」とは、心を形にすることです。心は形にしてこそ、相手に伝わります。実際に行動で表すことで、自分や相手にとって素敵なことが広がっていきます。

D「どこでも、どんなときでも、誰とでも」とは、まわりの環境に左右されずに、しっかりとできる自分の心を持つことです。これは、自分の心で自分の行動をコントロールする力につながります。

たくさんの「当たり前のこと」がみんなから出ましたが、先生からはまずはこの3つを頑張ってほしいと思います。

板書 >> 「あいさつ　返事　後片付け」

この3つは、それぞれ「優しい心」「素直な心」「丁寧な心」を育ててくれます。

たくさんの当たり前を自分の中に、クラスの中に増やしていきましょう！お！　素晴らしい返事だね！　早速ＡＢＣＤができましたね！

このお話に込めた「とっておきの話クリエイター」としてのこだわり

「三つ子の魂百まで」これは、若いときに身についたものは、年老いてからも変わらないことを指すことわざです。このことわざは、プラスにもマイナスにも考えられます。自分や他者に対して良い影響を及ぼす「当たり前」を身につけるか、それとも、自分や他者に対して悪い影響を及ぼす「当たり前」を身につけるかで、人生の豊かさは変わります。子どもたちを「良い当たり前」に誘っていきたいですね。

夏休み前の気が抜けがちなこの時期に「人間として当たり前のこと」を大切に。

72

日々積み重ねることの価値を考え、習慣の大切さを伝える

習慣は第二の天性なり

素材 ディオゲネス（古代ギリシアの哲人）の言葉と高橋尚子さんのエピソード、ウィリアム・ジェームズの言葉

ポイント 「あの子はすごい。それに比べて私は…」。そうやって他者と比べて自己肯定感の低下につながってしまうことがあります。「自分と相手は天から与えられている才能が違う」と諦めてしまうのではなく、「その才能は自分でつくり出すことができる」という希望を子どもたちと共有しましょう。

　あなたの人生を決めるのは、生まれ持った才能や性格でしょうか。もちろん、生まれ持った才能や性格は人生に大きな影響を与えるでしょう。

　では、生まれ持った才能や性格だけで人生が決まるのでしょうか。先生が大好きなこんな言葉があります。

板書》》「習慣は第二の天性なり」

　「習慣は第二の天性なり」。天性とは、天からもらった自分の才能や性格のことです。つまり、生まれつきのもの。生まれ持ったものは変えることはできません。

　しかし、人間は習慣によって、生まれつきの才能や性格に負けない、第二の天性を身につけることができるのです。

掲示》》高橋尚子さんの写真

　女子マラソンで日本人初の金メダリストになった高橋尚子さんという選手がいます。高橋尚子さんは、走ることが好きでした。でも、幼い頃は大会でよい成績を残すことができませんでした。しかし、尚子さんは走ることをやめませんでした。走り続けた尚子さんは、ついにオリンピックで金メダルを取ったのです。

尚子さんの走り続けたその習慣は、尚子さんの血肉となり、「マラソンを速く走る力」という「第二の天性」となったのです。そしてその習慣を続ける中で、「努力する力」「諦めない力」「工夫する力」などの、さらなる「第二の天性」を身につけていったのです。

　「あの子はすごいけど、自分には才能がない…」と諦めてしまうのは、まだ早いとは思いませんか？　「習慣は第二の天性なり」。この言葉を心に良い習慣を身につけていくことで、自分の可能性をいくらでもひらくことができます。

　最後に、みんなにこの言葉を贈ります。

提示 》 右図のようなウィリアム・ジェームズの
　　　 言葉が書かれた紙
（学年によっては言葉の意味を解説する）

> 『心が変われば行動が変わる。
> 　行動が変われば習慣が変わる。
> 　習慣が変われば人格が変わる。
> 　人格が変われば運命が変わる』

　習慣は、あなたという人間を育て、あなたの人生を切り拓く、いつもあなたと一緒にいる、あなたのパートナーですよ。

このお話に込めた「とっておきの話クリエイター」としてのこだわり

　ウィリアム・ジェームズの「心が〜」の言葉。行動を習慣化することから始めてもよいと考えます。まず、行動してそれが習慣になっていくことで、自分の心を変えていく。茶道や剣道などといった日本伝統の「道」にもそれは見えます。「道」には様々な「型」が存在します。その型をしっかりと身につけることで、相手への礼節などといった心も育ちます。つまり、型には力があるのです。習慣にも同じような力があるのではないでしょうか。

　夏休み明けのこの時期に、習慣を切り口に、自分の向かっていく方向を考えさせたいものです。

73

嘘をついたときの心の状態を語り、正直な心の大切さ
を伝える

嘘つきは泥棒の始まりって本当?

素材 ことわざ「嘘つきは泥棒の始まり」

ポイント よく聞くこのことわざ。でも、嘘＝泥棒とはすぐには結びつきません。子どもだけではありませんが、どうしても人間は嘘をついてしまいます。そのときの心の状態や受ける影響について一度立ち止まって考えてみましょう。

10月

　このクラスの中に、「嘘をついたことがない！」と自信を持って言える人はいますか？ ちなみに先生は、自信を持って言うことはできません。人間は、嘘がいけないことだとわかっていても嘘をついてしまうことがあるからです。

　では、嘘は仕方のないことだから、このまま嘘をつき続けてもいいのでしょうか？ 嘘に関わるこんなことわざがあります。

板書》》「嘘つきは泥棒の始まり」

　「嘘つきは泥棒の始まり」。このことわざを知っている人はいますか？ このことわざには、嘘をつくことは泥棒の始まりになってしまうから気を付けよう、という意味があります。もし、このことわざが本当なら、人間みんなが泥棒になってしまうかもしれませんね。このことわざを先生はこのように考えます。

　嘘を一度つくと、その嘘を隠そうとしてまた次の嘘をついてしまうことがあります。嘘に嘘を重ねていき、真実を隠し通せたとき、人の心の中には「しめしめ、うまくやったぞ」という心が顔を出します。

うまくいったから、次のときにも嘘に嘘を重ねて自分を守ろうとします。それを繰り返していくと、段々嘘をつくことが当たり前になっていきます。それは、もう嘘をつくことを悪いとは思わず、普通のことだと感じてしまっている心なのです。最初の嘘の一点が広がって、悪いことを悪いと思えない心になっていく。その心は、盗むことを悪いとは思えない。つまり、泥棒になってしまう可能性もあるのです。嘘は心を変えてしまうのです。

こうならないためには、みんなの中の「ある心」を大切にしましょう。それは、嘘をついてしまったときの、あの嫌な気持ち。チクチクして、モヤモヤして…それは、本当は嘘をつきたくないけれどついてしまったことに対する、あなたの良い心からの声。正直にいようとするあなたの心の声なのです。しっかり聞いてみましょう。その心の声をよく聞けば、自分の弱い心には負けません。

正直は一生の宝。あなたの誇れる財産の一つになります。

このお話に込めた「とっておきの話クリエイター」としてのこだわり

昔の人が考えた「ことわざ」が現在でも残っているのは、人間の生き方の真理を端的に表しており、それが語り継がれてきたからではないでしょうか。これも、その一つだと思います。ですが、「嘘つきは泥棒になっちゃうよ」という、安直な指導では子どもの心には響きません。子どもが「理解」できるように語ることで、初めて納得できます。「理解」とは、「理」を「解する」こと。きちんと理解させるには、「理」を「分解」して語る必要があります。嘘をつくことを分解して語ることで、子どもの理解と納得を基にした実践意欲や態度を引き出します。

このように一度しっかりと語ることも大切ですが、「とっておきの話」をした後の日常的な指導に生かしていくことも忘れてはならない大切な視点です。

かけ算の協力

素材 道徳の授業の子どもたちの意見

ポイント 協力した方がいいと子どもたちはきっとわかっています。でも、協力と言われても、ちょっと抽象的でわかりづらい。具体的な数字を用いて算数の式にすることで、協力の価値を考えやすくなります。

（学芸会の劇、音楽会の合奏など）何か大きなことを成し遂げようとしたとき、それって、自分一人の力だけでできるでしょうか？ 世の中には、仲間と一緒でないと成し遂げられないことがたくさんあります。そのときに必要になることが「協力」です。

このクラスは30人（クラスの人数に合わせて数を変更してください）いますね。このクラスの協力を式で表してみようと思います。次の式の答えは、一緒でしょうか？

板書》①1 × 30　②30 × 1

算数の式なら、どちらも答えは30で一緒になりそうです。でも、協力の式では、ちょっと考え方が違います。

①は、1人が30人集まるという意味です。その中で協力ができていなければ、発揮される力は30です。一人ひとりは一生懸命頑張っていても、みんなで違う方向を向いていては、協力はできません。

②は、30人が一つになるという意味です。30人が協力して一つのチームになったとき、発揮される力は∞（無限大）となります。協力ができるチームは、かけ算の力が発揮されるからです。

11月

板書 ≫ 2 + 2 + 2 = 6 2 × 2 × 2 = 8（書きながら語る）

　3人で大きな絵を描くことを考えてみましょう。3人のチームで一人の持っている力を「2」としたとき、協力をしないで個人的に力を発揮すると、2 + 2 + 2 = 6で、6の力となります。協力ができると、こんなことが起こります。「そこの色を、もう少し濃くしてみたらどう？」「私は、線を描くのが苦手だから、それは得意な〇〇ちゃんに任せるよ。代わりに、得意な色塗りを頑張るよ！」

　これは、アドバイスをして高まり合おうとする心や友達の苦手をカバーし合って得意を生かし合っていこうとする心です。人とプラスに関わる協力こそ、かけ算の協力です。この協力ができたとき、2 × 2 × 2 = 8となり、一人ひとりがバラバラに力を発揮したときよりも大きな力を出すことができます。これは、大きなチームになればなるほど、大きな力を出せる可能性があります。

掲示 ≫ 右の表

　かけ算の協力に近づくには、みんなであるものを見ましょう。それは、「目標」と「仲間」です。みんなでどんな目標を達成したいのかを常に忘れず、一生懸命頑張っている仲間の気持ちを考えれば、きっとかけ算の協力ができるはずです。

チームの メンバー	協力なしのたし算	かけ算の協力
3人	6パワー	8パワー
4人	8パワー	16パワー
5人	10パワー	32パワー

　みんなで〇〇（仲間と成し遂げたいこと）を絶対成功させよう！　オー！

このお話に込めた「とっておきの話クリエイター」としてのこだわり

　当時担当していた4年生（35人学級）の道徳の授業の導入で、こんな意見が出ました。「先生！1 × 35と35 × 1は違うよ！」。私はこのことを今でも強烈に覚えています。子どもたちってすごいですよね。直感的に物事の本質を捉えているのです。この子の発言から、1 × 35のチームと35 × 1のチームの質とそこにある協力の違いを考え、とても楽しい授業ができました。「よりよく生きること」に関しては、子どもの心の方が大人より上かもしれません。そう考えると、「とっておきの話」のもとは、大人の世界だけでなく、子どもの世界にも宝物のように眠っているはずです。

75

目立たないところでも相手を思って進んで働く大切さを伝える

トイレには神様が宿る

素材 「トイレの神様」植村花菜

ポイント トイレは、人間が毎日欠かさず使う場所。生きるために必要な場所。でも、目立たず、ちょっと汚いイメージまであります。そんなところをきれいに掃除ができるよさを考え、働くことの大切さを伝えていきたいです。

歌唱 》》教師が歌うor動画を視聴する

「トイレには　それはそれはキレイな　女神様がいるんやで
だから毎日キレイにしたら　女神様みたいに
べっぴんさんになれるんやで」

これは、「トイレの神様」（植村花菜）という歌のある一節です。幼い頃の植村さんは、おばあちゃんからこの話を聞き、トイレをきれいに掃除していたそうです。
でも、なぜトイレをきれいにすることが素敵な人につながるのでしょうか？

それは、トイレ掃除を丁寧にできる人は、心が美しいからだと考えます。
トイレは、人間が生きるために必要な場所ですが、ちょっと汚いイメージがあるかもしれません。そのような場所でも、嫌がらず一生懸命掃除ができるのは、使う人のことを思いやっているからです。使う人のことを思いやって、他の人はあまりやりたくないようなことでも進んで仕事ができる人の心って、どう思いますか？

また、トイレはいつも扉が閉められています。おそらく家の中でも目立つ場所ではありません。目立つ場所は、玄関やリビングかもしれません。そんな目立たない場所であっても、丁寧に掃除ができるのは、人から見られるところだけ一生懸命仕事をしようとする心とは違いますよね。そんな心をどう思いますか？

さらに、トイレ掃除をするのは、誰かでいいのです。

12月

別に誰かと決まっているわけではありません。でも、その誰かを自分のこととして、積極的に仕事をしている人がいるのです。そんな心は、どう思いますか？

　トイレ掃除を通してピカピカに磨いているのは、トイレではなく心なのかもしれません。そんなピカピカに磨いた美しい心なら、素敵な人になれそうです。あなたの心を素敵にしてくれる神様は、あなたの中にいるのです。
　心を磨くチャンスは、トイレ掃除だけでしょうか？ 掃除の時間、給食の時間、プリント配り、家のお手伝い…たくさんの仕事の中に、そのチャンスはあるのではないでしょうか？

演出 ≫ 持っているプリントを子どもの前に落とす
　ありがとう。〇〇さんは、今すぐにプリントを拾ってくれました。さっきの〇〇さんよりちょっとピカピカになった、トイレの神様の心が見えました。

このお話に込めた「とっておきの話クリエイター」としてのこだわり

　学校生活の中で、何度も繰り返される掃除当番活動、給食当番活動…その働く時間を無意識・無自覚・無目的に何度も繰り返していては、非常にもったいないと感じています。それは、掃除を通して子どもたちの心を育むねらいがあるからです。
　海外の学校では掃除を清掃員さんにお任せしていますが、日本では掃除を子どもたちが行っています。近年、その日本の教育に対し、海外の注目も集まっています。スポーツイベントなどで、ロッカールームやスタジアムをきれいにする日本人は、海外からも賞賛されています。
　そんな素敵な日本の教育の効果を最大化するためにも、「とっておきの話」は役立ちます。

76

来るべきチャンスに備え、自分にできる精一杯の準備をする大切さを伝える

人生のオフ・ザ・ボール

[素材] サッカーの「オフ・ザ・ボール」という考え方

[ポイント] 目立つ、かっこいい、煌びやかな瞬間に、人は目を奪われます。しかし、その瞬間にたどり着くためには、その何倍もの時間の「準備」が必要です。輝く一瞬のために何ができるか？ 来るべき未来に向けての「今、ここ、自分」に目を向けてみませんか。

[板書]》「3分間」

この時間が何を表すか知っていますか？

カップラーメンではありません。これは、サッカー選手が90分間の試合の中でボールを触っている時間です。この3分間でプロサッカー選手は結果を残します。たったの3分間です。なぜ、そのようなことができるのでしょうか？ これは、残りの87分間に秘密があります。

[板書]》「オフ・ザ・ボール」

87分間。試合のほとんどの時間は「オフ・ザ・ボール」という、ボールを触っていない時間になります。この時間に何を考え、どう行動するかが残りの3分間の質を劇的に高めます。いわば、3分間の活躍のための87分間の「準備」。「ゴールを決めるには、どう動いたらいいか？」「相手が右に動いたから…左が空く。よし、自分は左に動こう」……こうやって思考をフル回転させ、まわりの選手の動きに応じて、自分も動く。この「オフ・ザ・ボールの努力」があるからこそ、「ボールを持つ3分間」は輝くのです。

これは、サッカーだけではありません。みんなの授業も同じです。一人ひとりの発言の時間は短いかもしれないけれど、「授業のオフ・ザ・ボール」の時間に、サッカー選手のように「準備」をするのです。問いを持って考え、友達の意見を生かして考え…そうすれば、「発言の3分」はもっと充実します。

　人生だって同じです。人生の中で自分が表舞台に立って光が当たる時間は少ないかもしれません。でも、「人生のオフ・ザ・ボール」の時間の質をいかに高めるかで、「人生の3分間」は、より眩い光を放つでしょう。
　しかし、残念ながらテレビ中継を見ていると、ボールを持っている選手がアップに映り、「オフ・ザ・ボール」の動きはあまり注目されていないようです。

　でも、今、話を一生懸命聞いている〇〇さん、〇〇さん…（or〇年〇組のみんな）。この瞬間見事に「人生のオフ・ザ・ボール」を充実させています。誰も見ていなくても、注目されていなくても、確実に今のその時間は、あなたの糧になっています。来るべき、「人生の3分間」が楽しみです。「今、ここ、自分」の「オフ・ザ・ボール」。心と頭と体を「オン」にして積み重ねていこう。

このお話に込めた「とっておきの話クリエイター」としてのこだわり

　サッカーについて調べていたとき、どんなにうまいサッカー選手でも、ボールに触ることができるのはせいぜい3分間程度だということを知り、驚愕しました。サッカーは90分間あるのに、残りの87分間何をしているのか。私もバレーボールを本気でやってきた経験から考えてみると、ボールを触る時間以外すべて「考えていたこと」を思い出しました。ボールを触っていない時間も、ボールを触っている時間も、すべてつながっていたのです。このことって、子どもたちにとっての授業も、大きく考えて人生だって一緒ではないでしょうか。そんな自分の経験から、このお話は生まれました。

77

命のバトンを受け継いで

素材 相田みつを『いのちのバトン』（角川文庫）

ポイント 「今、ここ、自分」。今という時間、ここという場所、自分という人間は、過去からの無量のつながりを経てできてきたものです。「今、ここ、自分」の見方の変容につなげ、生きることを大切にしようとする心へアプローチしていきます。

提示》リレーのバトンパスのイラスト

これは、リレーですね。バトンパスのシーンです。前の走者は一生懸命自分の番を走り、バトンパスをして、次の走者も自分の番を一生懸命走ります。

突然ですが、今ここでリレーをしている人はいませんか？ え？ いないのですか？

実は、ここにいる全員がリレーをしているのです。「人生」という名のリレーをね。

板書》右イラスト

前の走者は、家族です。あなたは、家族から何を受け継いだのでしょうか。それは、大切な命です。でも、それだけではありません。家族は、あなたへの深い愛情と願いを込めてくれています。あなたが、生まれる前には、あなたの家族にも人生がありました。つらいことがあっても諦めず、家族が一生懸命人生を生き抜いてくれたからこそ、今のあなたのところに、「命」というバトンが届いたのです。

「人生」という名のリレー

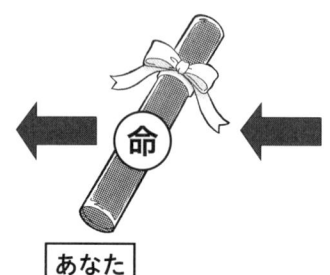

あなた

2月

前の走者は、あなたの家族でした。では、そのもう一つ前は誰でしょう。それは、あなたのご先祖様です。ご先祖様には、そのまたご先祖様がいますね。それがどこまで続いていくかというと…なんと、宇宙誕生です。

　宇宙誕生は、およそ138億年前。宇宙ができないと地球はできなかった。地球ができないと生命は生まれなかった。生命が生まれなかったら人間は生まれなかった、人間が生まれなかったらご先祖様は生まれなかった、ご先祖様が生まれなかったらあなたは生まれなかった……。こう考えると、とんでもない時間を経て、とんでもない数のご先祖様の命、とんでもない数のご先祖様の人生やその中にあった思いが込められたとんでもなく重いそのバトンを持って、今あなたは生きているのですね。

指名 》生き方の具体を問う

　この「人生」という名のリレーは、あなたが生きている限り続いていきます。次の世代にもつながることでしょう。奇跡としか呼べない「命」というバトンを今持つあなた。このバトンをどうしていきたいですか？　もしも、大切にしたいと願うなら、どんな生き方をすれば、大切にしていけるでしょうか？

このお話に込めた「とっておきの話クリエイター」としてのこだわり

　娘が妻のおなかの中にいた頃、妊婦健診で見た娘の心臓の鼓動に、涙が溢れてきた思い出があります。こんなに小さな体で、こんなに力強く鼓動する心臓。人間の生きようとする命のたくましさに心が大きく震えました。「精一杯生きる」。これは、私の人生のモットーでもあり、どの学年の子どもたちを担任しても、伝え続けてきたメッセージです。命の大切さを考えると、唯一性、連続性、関係性、神秘性、向日性、多様性、独自性、根源性などたくさんの価値があります。こんなに価値があって、大切だとわかっているのにもかかわらず、生きることが当たり前になってしまっている私たち。ふとしたときに立ち止まって考えなくてはいけない、大切な対象です。なぜなら、命は私といつも一緒。命は私自身なのだから。

78

ヒト・人・人間

素材 カタカナ、漢字の形・意味から考えたオリジナル

ポイント 子どもたちは、なぜ学校で学んでいるのでしょうか。子どもたちは「大人になる」という観点で考えている場合が多いと感じています。このとき、単純な大人ではなく、「どのような大人になるか」という大人の質が問われます。子どもたちと成長の方向性を共有し、来年度の学年や中学など、次のステージも見据えて、語っていったらどうでしょうか。

板書≫「ヒト　人　人間」

この3つの言葉の違いがわかりますか。

どれも同じ「人間」を表す言葉ですが、それぞれ意味が違います。

【ヒト】これは、生物学上グループを分けた生き物としての呼び名です。図鑑には、動物や植物の名前がカタカナで掲載されていますよね。それと同じです。生き物としての「ヒト」は、生まれた瞬間からなることができます。

【人】これは、人が2本の足で立っている形に見えます。つまり、自分の力で自分のことができるようになり、自立する力を身につけたのがこの「人」です。生まれたばかりや幼い頃は、家族や大人に頼っていました。そのままでは、「ヒト」のままです。自分の力で頑張る自立の心と力を育てることで、「人」に成長することができます。

【人間】「人」の「間」と漢字で書きます。人は、一人では生きていません。たくさんの人間の中で社会をつくり生きています。そのため、人と人の間で調和をもって生きることが必要です。自立の力を身につけ、人と人の間で生きることができる心と力を育てることで、「人間」に成長することができます。

3月

家には、家族がいます。どうしても甘えてしまう心が出てしまいます。自立の心と力は育ちづらいのです。また、家族だけだと人間関係がいつも一緒になってしまいます。それでは、人と人の間で生きる心と力は育ちづらいのです。

だから、学校で学びます。家族のもとから離れて、やるべきことを頑張ることで自立の心と力を育て、先生や友達など自分とは違うたくさんの人々の中で、みんなが気持ちよく暮らせるように人を思いやることで、人と人の間で生きる心と力を育てるのです。

最後に、先生は「人間」でしょうか？ みんなからはそう見えるかもしれないけれど、先生はまだ「人間」になれてはいないと思っています。なぜなら、「人間」にはゴールがないからです。先生にとっては、死ぬときにたどり着いたところが、「人間」のゴールだと思っています。先生は、「人間」のゴールを目指してこれからも学び続けていきます。みんなは、あなたは、どう生きていきたいですか。

このお話に込めた「とっておきの話クリエイター」としてのこだわり

教育基本法より、教育の目的は「人格の完成を目指すこと」とあります。そして、教育は「平和で民主的な国家及び社会の形成者として必要な資質を備えた心身ともに健康な国民の育成」を期して行われています。人と人の間で生きる人間の心と力は、平和で民主的な社会の形成者としての資質・能力に重なります。また、人格の完成ではなく、人格の完成を目指すことが目的なのは、人格の完成とは永遠に訪れないものだからだと私は考えています。永遠に手に入らないものを求め続けるのは、「人間」がよりよく生きようとし続ける営みそのものではないでしょうか。「人間」は、今より少しでもよりよくなろうとして学ぶのです。そういった意味で、学ぶことは生きることと同義ではないでしょうか。

教師が「人間」としての在り方・生き方の範を示す。それこそ、先達者としての教師の役割の一つ。誇りをもって、私は教師としての自分を全うしたいと思っています。

星﨑先生の「とっておきの話」から見つけられる"とっておき"

　星﨑先生は、15年以上も道徳教育や道徳授業について研究されてきた方です。初対面のときから、まわりの方への愛と感謝が伝わる温かいお人柄を感じました。『とっておきの話』について「子どもと語りと語り手の心の三位一体の響き合い」と価値付け、後述する観の深さに圧倒されます。そんな星﨑先生の「とっておきの話」には、次の3点において"とっておき"を見つけられます。

　1つ目は、宝石のように磨き上げられた観の深さです。特に、3月『ヒト・人・人間』は、教育観だけでなく、星﨑先生自身の人生観（死生観も含め）も根拠にお話を創られています。「人格の完成、ではなく、人格の完成を目指すことが目的」「死ぬときにたどり着いたところが、人間のゴール」「学ぶことは生きることと同義」等、磨き上げられた観をご自身で言語化されています。

　2つ目は、徐々に「もと」となる信念や理念に迫る線の語りをされている点です。5月『「負け」を強さに』7月『ABCD』11月『かけ算の協力』では、具体的にイメージしやすい語りをされています。一方、9月『習慣は第二の天性なり』10月『嘘つきは泥棒の始まりって本当?』2月『命のバトンを受け継いで』では、抽象度の高い内容を取り上げています。「人間のよさを追い求め、よりよい生き方を希求し続けようとする豊かな心を育みたい」という星﨑先生の熱い「もと」を、1年間を通して星﨑学級の子どもたちへと着実に伝えています。

　3つ目は、陰となりがちなものにこそ光を当てる語りをされている点です。4月『原石を宝石に』では個性、6月『「もったいある」をたくさんに』では物事の本質、12月『トイレには神様が宿る』では目立たない働き、1月『人生のオフ・ザ・ボール』では目立たない努力をテーマにお話を創られています。陰となりがちな「目には見えないもの」に光を当てるからこそ、語りの内容に深みが増し、根本的な真理へと子どもたちを導いていくことができます。

　教師としての前に、人間としての観を磨き続けてこられた星﨑先生だからこその、話し手の観の深さから、聞き手の観を深める「とっておきの話」でした。

第8章
萩原先生の『とっておきの話』 1年の軌跡

　萩原和晃。東京都にある国立学園小学校で教鞭をとって12年が経ちました。着任から現在まで、教科担任として、社会科を主に担当しています。本校の教育目標である「自ら考え、自ら学び、自ら行動する」子どもの育成のために、社会科の授業はどうあるべきか？クラスは、学年は、学校は、どうあるべきなのか？子どもたちが卒業した後にどんな人生を歩んでほしいのか？を日々考えながら教育活動にあたっています。

私と『とっておきの話』　〜萩原先生の語り観〜

　社会科の授業では、「よりよい社会をつくるためにどうしたらよいのか？」をともに考えることを大切にしていますが、なかなかそこに到達しません。もちろん、社会科授業の充実や他教科との横断・連携がそこへ向かわせるのでしょうが、社会事象だけではなく、より深く私のことを知り、私たちのことを知る必要があることに気づきました。

　そこで、授業の中だけではなく、その前後で、私として、私たちとして大切にすべき価値をともに考える必要があると考えるようになりました。そのためには、様々な価値に触れ、私なりに考えていく必要があり、この価値に触れるために、断片的なものではなく、まとまった媒体に触れる時間の設定をすることにしました。その時間で大きな手段となるのが「語り」です。「語る」ことで、昔から大切にされてきた原理原則や受け継がれてきた思いを先生自身が伝えることで、私自身の大切にしている価値を揺さぶることができます。そこに共感したり、違和感を感じたりしながら、少しずつ確かなものにしていくことができます。その継続性こそが、私という土台をつくり、私たちをより広く、深くしていくのだろうと考えています。この「語り」の時間を通して、子どもの教師理解が深まり、教師自身も私を再構築していくことができるのです。

私が学級経営で大切にしていること　〜線で語る視点から〜

　前述した「自ら考え、自ら学び、自ら行動する」子どもの育成のためには、対となる「強いること」「押しつけ」を極力排除していく必要があります。

　一方で、個の自由を最大化すると、自分勝手な行動が散見され、不利益を被る場面が生まれてきます。また、私という人間の成長や自己実現のためには、他者との関係性の影響が大きいことも確かです。学校では多くの時間をクラスの仲間と過ごします。ですから、担任として、クラスの中で、私たちがお互いに「高め合える」環境を整える役割があるのです。

　そこで、私たちが私としてよりよく生活するためには、きまりや共通に持っておきたい価値があります。これらを「守る」「強いられる」「従う」のではなく、自らその方向へ動くように導いていく必要があります。そのためには、「自由とは何か？」「楽しいとは何か？」「なんできまりがあるんだっけ？」というような、「そもそも」を考えていくことを避けて通れません。

　この理解のためには、ストーリーで捉える「語り」が必要なのです。

私の『とっておきの話』　1年の軌跡

4月の話	『「はい」に込められた意味』	p.196
5月の話	『母の日とカーネーション』	p.198
6月の話	『早く食べられる人を採用します』	p.200
7月の話	『7月19日』	p.202
9月の話	『北口榛花選手の強さ』	p.204
10月の話	『親しき仲にも礼儀あり』	p.206
11月の話	『課外活動は何のため？』	p.208
12月の話	『いただきますとご馳走様』	p.210
1月の話	『超一流の人の特徴』	p.212
2月の話	『園田兵助とかごしま黒豚』	p.214
3月の話	『さようならは悲しい言葉？』	p.216

79

そもそもの礼儀の大切さを伝える

4月

「はい」に込められた意味

素材 久慈市立山形小学校「校長室だより」

ポイント 新しいクラスでの新しい仲間との出会い。不安の中で、つい押しつけがちなものの一つである返事の「はい」。この意味を改めて考えることで、言葉に対する感覚を研ぎ澄ませる、仲間を大切にしていこうとする価値を共有することができます。

　みなさんは他の人（友達）と過ごしているときに、話しかけづらかったり、うまくいかないなあと思ったりしたことはありますか？ 指名 》》

　先生もうまくいかないなあと思うときがあります。そんなときに、上手に過ごしている人の様子を見ていると、あることをしていることに気づきました。何だと思いますか？ 指名 》》

　先生が気づいたことは、返事です。相手が言ったことに対して返事をしている人は、上手だなと感じました。
　みなさんは、いつもどんな返事をしていますか？ 指名 》》

板書 》》「はい」とひらがなで書く
　「はい」という返事を私たちはしていますね。これは、漢字でどのように書くと思いますか？

板書 》》ひらがなで「はい」と書いた横に「拝」と書く
（板書した「拝」を指しながら）みなさんは、この漢字にどんな印象を持っていますか？ 指名 》》

「拝」という字には、「丁寧に礼をする」や「ありがたく受け取る」という意味があります。ですから、「はい」という返事には、相手を敬う気持ちや相手の呼びかけに対して、感謝して受け取るという気持ちが表れているのです。「はい」という返事をされるとどこかうれしい気持ちになるのは、そういう意味が込められているからなのだと私は感じました。

　私もそういうことができている人の真似をして、「はい」という返事を大切にしたいと思いました。みなさんも返事を大切にして過ごしてみてはいかがでしょうか。

このお話に込めた「とっておきの話クリエイター」としてのこだわり

　この話をした後に、子どもから、「意見が違うときはどうしたらいいんですか？」という質問がありました。鋭い質問です。体育会系で過ごしてきた私は、「返事がない！」「はい！」と言われて、意味もよくわからずに「はい」と言っていました。この経験を踏まえて、こう話しました。「違う意見を持っているのは素敵なことです。違う意見を一人ひとりが持っているからこそ、学校に来ている意味があるのです。だからこそ、一旦はその意見を受け入れましょう。その意思表示として、『拝』という言葉はあるのだと思います。違う意見はその後に話せば、もっとよりよいクラスになっていきますね」

　「拝」という返事は、学級経営の根幹と言えるのかもしれません。

80

記念日に込められた思いを考える

母の日とカーネーション

[素材] 日本郵政グループ～郵愛だより

[ポイント] 5月の第2日曜日になると、町は「母の日」という言葉で溢れます。そして、何気なく私たちは母親にプレゼントをあげ、お祝いをしています。「母の日」のそもそもを考えることで、どんな人を目指していくのか、その一つの行動を見つめることを通して、目の前の母親への感謝だけではなく、様々なものへの感謝へと変容していくことができます。

（母の日の次の日に）今日は何の日ですか？ 指名》

母の日はどんな日ですか？ 指名》

何をプレゼントしましたか？ 指名》

なぜ、昨日は母の日で、お母さんにカーネーションを贈るのでしょうか？

　発祥はアメリカです。1914年に正式に「5月の第2日曜日を母の日にする」ことになりました。ここには、アンナ・ジャービスという一人の女性の働きかけがあったと言われています。

　アンナの母親であるアン・ジャービスは、かつてアメリカの南北戦争で負傷兵のケアを行っていました。南北戦争とは、1861年から65年まで起こったアメリカ内部の戦争で、約62万人もの方が犠牲になりました。これは、1945年に終わった第2次世界大戦の犠牲者の2倍以上に上る、大きな戦争だったのです。そんな中で、この女性は負傷兵の手当てを行っていました。ここで、アンは、味方の兵士だけではなく、敵の兵の手当ても平等に行っていたとされています。

　そんな姿勢を見ていた人たちは、アンが亡くなった2年後の1907年5月12日に、追悼する会を教会で行いました。その会で、娘のアンナは……。

提示》白いカーネーションのイラスト

　母が好きだった白いカーネーションを参加者に配りました。これが「母の日」の

起源と言われており、アンナの行動によって白いカーネーションが母の日のシンボルと認識されるようになりました。カーネーションの花言葉は「愛」。白色には、これに「尊敬」が加わります。その後、日本で初めて母の日のイベントが開かれたのは明治末期頃であり、当時教会で行われたイベントによって、人々の間に広まったと伝えられています。

　アンのどんな行動が、母の日につながったのでしょうか？ **指名 》**

　そうですね。そして、このクラスでも、アンのように分けへだてなく人と接することができる人がいますね。

　では、アンナのどんな行動が、母の日につながったのでしょうか？

　お母さんの好きなものを大切にしていたことが、つながっていますね。これこそ、まさにプレゼントと言えるでしょう。ぜひ、そんな2人の姿勢から学んだことを大切にしながら、一日を過ごしていきましょう。

このお話に込めた「とっておきの話クリエイター」としてのこだわり

　「感謝」「母の日」「カーネーション」という断片的なものはポンポンとよく出てくるでしょう。しかし、そのつながりはなかなか出てきません。そのつながりをたどるためには、そもそもを「語る」必要があるように思います。そして、一人ひとりの行動が、こうして世界中で記念日として残されていることを知ることにより、人間としての深さが出てくることと思います。この話を次の日にすることで、記念日だけではなく日頃から、お母さんに、まわりの人に、先人たちに、感謝の気持ちを持って過ごせる人になってもらいたいなと思います。

81

「はやさ」の価値について考える

早く食べられる人を採用します

素材 「日本電産・永守重信会長が『早食い・大声』試験で学生の採用を決めた深い理由」（ダイヤモンドオンライン）

ポイント 梅雨の時期、クラスの雰囲気が停滞してきているとき、何となくイライラしている子が出てきているときの「語り」として有効です。普段「はやさ」を意識できている子をよく観察しながら「語る」ことが大切です。

新入社員の採用。みなさんが社長さんだったら、どんな人を採用しますか？

指名》》

さて、このクラスになって、2か月が経ちました。最近の生活を振り返って、自分自身はどうでしょうか？

みんな4月と同じように一生懸命頑張っているはずなのに、何か成長できていない……。うまくいかないことが増えてきた……。なぜでしょうか？

4月と比べて変わってきたことは、「慣れ」です。良くも悪くも「ゆるみ」というものが出てきます。

板書》》はやさ

その中で、悪いものとして出てくるのが、「はやさ」です。この意識が薄くなってくることで、整列が遅い、配布物が届かない、ノートを書く量が減る、問題を解く時間がかかる……などの場面が増えていきます。これらの行動は、望ましい姿でしょうか？

実は、この「はやさ」に注目して、新入社員の採用の基準としている会社があるそうです。日本電産の永守重信会長が導入したのが、「ご飯を早く食べられる人」でした。

これは早食いになれということではなく、「はやさ」を意識して行動しているかと

いうことです。動き出しが早い人は、多くのことに手を付けられたり、物事を処理するスピードが速く、成果を残すことが多いのでしょう。成果を残せば、まわりの人から褒められ、ますますやる気になって、さらに早く仕事ができるようになる……。

そう、「ご飯を早く食べられる人」は、「はやさ」に気を付けている人は、どんどん自分を成長させていけるのです。このような資質を見たいからこその導入だったということです。

みなさんの中にも、「はやさ」に気を付けられている人がいますよね。

（あっ、○○さんだ！ という声が上がれば、指名して具体的に何がはやいのか聞いてもよい）

ぜひ、みなさんもこのような「慣れ」てくる時期だからこそ、「はやさ」に気を付けて生活していきましょう。

このお話に込めた「とっておきの話クリエイター」としてのこだわり

「慣れ」とは怖いものです。「習慣」が人をつくるとはまさにその通りで、無意識のうちに行動が偏っていきます。特に、慣れてくるとこのくらいはできるだろう……が増えていき、教師が叱責する場面が増えます。すると、主体的な行動が減っていく……。そこで効果的なのが、「はやさ」の語りです。ちなみに、永守会長は他にも、「声が大きい」ことを採用基準に入れていたようです。挨拶がきちんとできるなどの基本的な生活習慣が人間をつくる、という原理原則に立ち返る場面で大切にしたい「語り」です。

しなやかに生きる大切さを考える

7月19日

素材 「阿木小だより　校長先生のお話」

ポイント 節目の話はよくされていると思いますが、7月19日を確かめることで、節目の意味、終業式の意味へとつながりやすくなります。自分が成長したことを確かめ、これからも成長していきたいという思いを強くしていくことができます。

板書 ≫「7月19日は何の日？」

　7月19日は、今年が始まってから、200日が経った日です（閏年の場合は201日目です。気づいた子には賞賛を）。

　みなさん、ここまでどうだったでしょうか？　あっという間だったでしょうか。
　さて、このような区切りの日を何と言いますか？　指名 ≫

板書 ≫「節目」

　「節目」と言いますね。どうして、「節目」と言うのでしょうか？　指名 ≫

提示 ≫竹のイラストまたは写真

　これは、竹の「節」から来ています。
　竹はこの「節」があることで、上の部分をしっかりと支え、上へ上へと真っ直ぐに伸びていくことができます。しかし、私たち人間も、真っ直ぐに成長するだけではない日もあったと思います。そうです。真っ直ぐに伸ばすだけが「節」の力ではありません。

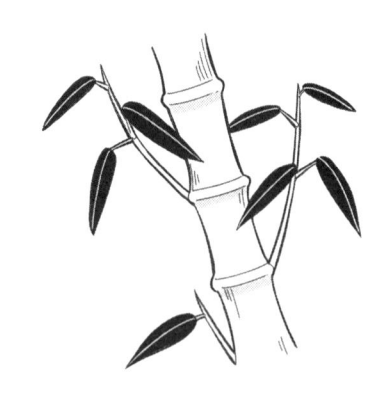

「節」の役割は、どんなに強い風に当たっても竹が折れることなく、また起き上がって成長を続けられることです。このしなやかな状態をつくることができるのが、「節」なのです。

　みなさんの中にも、思い通りにいかなくても我慢強く立ち向かえる人、失敗しても最後までやり切れる人がいると思います。

　「節目」を大切にすることで、より私たちの「節」を強くし、成長できる人、しなやかに生きられる人になっていきます。自分自身のこれまでのことを振り返り、これからのことを考える、そんな一日にしていきましょう。

このお話に込めた「とっておきの話クリエイター」としてのこだわり

　「しなやかさ」というのは、今を生き抜く力の中で重要なキーワードなのだと感じています。だからこそ、「節目」を語ることは引き継いでいく必要があると思うのです。本校は、7月19日が1学期の終業式となることが多く、「節目」に相応しい日に設定をされていますが、19日以外でも「200日」を意識することで、子どもたち一人ひとりの中に様々な考えを巡らすことができると思います。

83

北口榛花選手の強さ

(素材) 北口選手の取材記事 (クローズアップ現代・2024年7月24日放送)

(ポイント) オリンピックの前後で取り上げるものは多くありますが、世界で活躍した選手の裏側に迫りたいものです。世界レベルで長く活躍しているやり投げ競技の北口選手を取り上げることで、自分たちにも参考になることを見つけ出せます。

9月

今回のオリンピックで一番印象に残ったことは何でしたか？ 指名 》

様々な選手が活躍し、印象に残っていたことと思います。この選手は誰ですか？ 提示 》（北口選手の写真を提示）

※オリンピックの年以外にも、写真の提示後に「この選手を知っていますか？」 指名 》から入ることで話すことができます。

（2023年の世界選手権の映像を見せる。最後の一投で逆転の投てきをしている）

映像を見て、どう思いましたか？ 指名 》

そうですね。最後の最後で自分の力を出せることがすごいですね。なぜ北口選手はこんなことができるのでしょうか？ 指名 》

小学生時代のスイミングの先生は、このように話しています。

提示 》**「本当に練習を休まなかったです。練習にはそんなについていけなくて、2周3周と抜かれていきました。でも、ずっといつも涙を流しながら、最後まで泳いでいました」**

すごい才能があったわけではなかったんですね。では、高校でやり投げを始めてからは、どうだったのでしょうか。高校のときの先生は、以下のように話しています。

提示 》》「インターハイの決勝で、結果は勝ったんです。その後、北口は泣いていたんですよね」

どうして、北口選手は泣いていたのでしょうか？　**指名 》》**

続けます。

提示 》》「北口は、すごいプレッシャーだったと思うんですよね。その状況で勝ったからこその喜びの涙だと思ったんです。そうしたら、『大会記録を出せませんでした』って泣いていたんです」

どう思いましたか？　北口選手が最後の最後で逆転できたのは、こうした練習や思いの積み重ねだったのですね。これは本当にみなさんにはできないことでしょうか？　最後のひと踏ん張りを頑張れるかどうか。

では、そんな姿を思い浮かべながら、パリオリンピックで金メダルを決めた第一投を一緒に見ましょう。

提示 》》パリオリンピックの第一投の映像を見せる

このお話に込めた「とっておきの話クリエイター」としてのこだわり

　球技や柔道、水泳など、華やかな競技に注目が集まります。陸上でも、リレーやマラソンなどに注目が集まり、投てき種目はマイナーです。しかし、そんな種目で世界で活躍し続ける選手が北口選手です。もちろん才能もあったのでしょうが、最後までやり遂げる積み重ねがそこに向かわせました。まさに努力の人。そんな人を取り上げることで、努力の大切さに気づくことができると思いました。

84

友達との関わり方を見つめ直す

親しき仲にも礼儀あり

素材 孔子『論語』

ポイント 言葉遣いの指導において、言葉が乱れているなと感じるときや、トラブルが増えているなと感じるときに効果的です。このくらいはいいだろう……という油断が実は仲間にとっては嫌だったと感じることがあります。昔の人が大切にしてきたことを知りながら、言葉についての意識を高めていきます。

ケンカはどのようなときに起こりますか？ 指名 》》

そうですね。嫌なことをされたり、バカにされたり、言われたりしたときに起きがちですね。

板書 》》「親しき仲にも礼儀あり」

どういう意味ですか？ 指名 》》

そうですね。仲の良い友達にも礼儀を尽くそうという意味ですね。

教室の雰囲気もみんなと出会ったときと比べて、変わってきました。それは、仲間同士の人間関係が変化しているからです。そのため、時にはうまくいかないことも出てきます。しかし、上手に関われる人がいますね。このような人は、何が違うのでしょうか？

板書 》》言葉遣い

そうです。言葉遣いが上手なのです。

「相手をバカにしたような言い方をする」「いじる、あおるなどの笑いを取るために、他人を使う」という、相手に対する「尊敬」を欠いた言葉を使うことが、仲が良くなってくると、つい「このくらいはいいだろう…」と油断して言ってしまうことがあります。

10月

しかし、他人との関わり方が上手な人は、言葉遣いが丁寧なままです。まさに、相手を思う気持ちこそが、敬語なのだと思います。「親しき仲にも礼儀あり」という言葉とは、そういう意味なのだと思います。この言葉は、約2500年前に生きていた孔子という人が残している言葉です。ずっと昔から大切にされている言葉なのですね。

このクラスにも、礼儀に気を付けているからこそ、ケンカをせずに気持ちよく生活できる人がいますね（名前があがれば、指名して、聞いてみてもいい）。

みなさんも、仲の良い友達とだからこそ、言葉遣いを意識し、礼儀に気を付けて生活していきましょう。

このお話に込めた「とっておきの話クリエイター」としてのこだわり

トラブルが増えると、マイナスに考えがちですが、自分自身が変化していると考えることもできます。その変化した自分と仲間との出会いすらも大切にその時間を過ごしていこうというのが「一期一会」の意味なのだと、江戸時代の大老井伊直弼は残しています。

ですから、その変化自体を崇高なものだと捉え、その意識付けとして大切にされてきたのが礼儀であると考えれば、言葉遣いが自然と意識されるものになっていくのではないでしょうか。

85

課外活動は何のため?

素材 内田樹『複雑化の教育論』(東洋館出版社)

ポイント 楽しいの代名詞である課外活動。何気なくまわりに流されて過ごしていても楽しいからです。しかし、何のために行くのか?という目的に照らし合わせると、それだけでは不十分でしょう。そんなときに「語って」みてはいかがでしょう。

いよいよ、課外活動(旅行、遠足など)が迫ってきましたね。さて、何のために行くのでしょうか? 指名 》》

そうですね。お互いの仲を深めたり、そこに行くことでしか学べないことを学ぶために、時間をかけて行くのですね。

みなさんは、課外活動は楽しみですか? 〇か×かで挙手 》》
(おそらく、〇に偏ると予想されるので、×の意見に重点を置く)

確かに、トラブルや困ったことが起きがちになりますね。どうして、このようなことが増えるのでしょうか?
それは、これまで一緒に関わっていた時間以外の時間を一緒に過ごしたり、何となく見逃していた場面や避けていた場面に向き合ったりしなくてはならないからです。

もう一度聞きます。課外活動は楽しみですか? 〇か×かで挙手 》》
(おそらく、×に偏ると思われる)

では、トラブルなどの困ったことが起こるのは、本当に悪いことでしょうか?
指名 》》

11月

そうですね。みなさんが、「楽しくできる」ためには、トラブルを乗り越えることが大切だと思います。

　私は、これまで生活してきたみなさんならトラブルを乗り越えて、本当に楽しい活動にできると思っています。

　ぜひ、困ったことがあったときに、これまでと同じようによく話し合いながら進めていきましょう。素敵な一日になることを楽しみにしています。

このお話に込めた「とっておきの話クリエイター」としてのこだわり

　内田樹先生は、教師も一緒に旅行をするとよい。なぜなら、必ずそこでトラブルが起きるから。そこを復元する力が人として大切なのだと述べています。ですから、子どもたちの間で、何かトラブルが起こることも想定内。そこの乗り越え方を学ぶ場であるものであるという価値付けを行っておく必要があります。このような話をすると、真面目な子ほど不安が増しますので、これまでの積み重ねを信頼し、少しあおるような形で「できるでしょう！」としてみました。

86

食べ物の大切さを見つめ直す

いただきますとご馳走様

素材

ポイント イベントの多くなる12月。様々なものを食べる機会が増えます。「フードロス」「もったいない」という言葉から、食べ物の大切さは意識としては持っていると思いますが、普段の生活はどうでしょうか。いつも何気なく言葉にしている、「いただきます」「ご馳走様」をきっかけにして、見つめ直したいところです。

12月に入りました。楽しみなことは何ですか?
クリスマスや年末には大晦日がありますね。どんなものを食べますか? 指名 》

食べる前に何と言いますか? 指名 》（いただきます）
なぜ、「いただきます」と言うのでしょうか?

板書 》「いただく」
漢字だと、
板書 》「頂く」
と書きますね。誰から頂くのでしょうか? 指名 》

そうですね。「食材から」「つくってくれた人から」ですね。「つくってくれた人」には、「農家の方」「加工する方」「運ぶ方」「調理する方」など、多くの人がいますね。ですから、「いただきます」というのは、「食材の命」と「つくってくれた人」への感謝を込めた言葉と言えます。

12月

では、「ごちそうさま」はどうでしょうか?

板書 ≫ ご馳走様

　豪華な食事・食卓をご馳走と言いますね。これは、走るという言葉があるように、もてなすために、よりよい食材を集めるために走り回ることからきています。その馳走に、丁寧な「ご」と「様」を付けて、「ご馳走様」というようになりました。この言葉からも、よりよい食事をもてなしてくれた方への感謝の気持ちも伝わってきます。

　みなさんも、これからご馳走をいただく機会が増えると思います。多くのバトンがつながって私たちはおいしいものをいただくことができ、生きていくことができます。ぜひそのことを忘れずに、「いただきます」と「ご馳走様」を言えるといいですね。

このお話に込めた「とっておきの話クリエイター」としてのこだわり

　円安、物価高で食品の値段が上がっているというニュースや、米の不作や魚が不漁というニュースを聞きます。それでも日本はものに溢れています。そんな現代を生きる私たちにとって大切な言葉が「いただきます」と「ご馳走様」なのではないでしょうか。この言葉をずっと使い続けている日本人のすごさを改めて感じています。少し難しい話ですが、そんな先人への尊敬の念を込めて、「語り」たいものです。

87

「きく」力について再確認する

超一流の人の特徴

素材 宮城県松島町教育委員会「教育長室から」

ポイント 新年の目標を立てる、書き初めをする。年度途中とは言え、新たなスタートを切る1月。私に注目しがちな日ですが、そんな日に、改めて「聞く」力の大切さを確認することで、私だけではなく、私たちの成長の土台を確かめることができます。

（新年の目標が立ったところで）
今年の目標が立ちましたね。みんなの目指したい姿がはっきりしました。
さて、この人は知っていますか？
提示》藤井聡太さんの写真

どんな人ですか？ 指名》

そんな藤井さんが尊敬していた人がいました。この人です。
提示》羽生善治さんの写真

将棋の世界だけでなく、多くの人たちから尊敬されている人です。
この羽生さんが、一流の人はどんな人かを表した言葉あります。
一流の人とは、どんな人だと思いますか？ 指名》

板書》三流は、人の話を「　　　　」。
　　　二流は、人の話を「　　　　」。

どんな言葉が入ると思いますか？ 指名》
そうですね。「聞かない」と「聞く」が入ります。
人の話を聞けるかどうかが大きいと羽生さんは言っているわけですね。

1月

さて、次はどうでしょうか?

板書》一流は、人の話を「　　　」、「　　　　」する。

どうでしょうか。**指名》**

そうですね。「聞いて」、「行動する」が入ります。

聞いた後が違いを生むんですね。

さらに、羽生さんはその上の超一流があると言っています。次はどうでしょうか?

板書》超一流は、人の話を「　　　」、「　　　　」する。

まず、聞いてではなく、「聴いて」が入ります。この聴くは、どんな漢字が入っていますか? **指名》**

そうですね。「耳」に+(プラス)して、「目」と「心」が入っていますね。

ですから、ただ聞くだけではなく、自分自身で「工夫」するが入ります。ですから超一流の人は、人の話を聴きながら、自分の頭で考えて行動していることがわかります。ここを意識して、少しずつ習慣にしていけば、みなさんの目標に近づいていけますね。1年間、一緒に話の聴き方を見つめ直していきましょう。

このお話に込めた「とっておきの話クリエイター」としてのこだわり

この超一流の話は有名な実践でもあり、4月の学級開きのときに、または少し時間が経ったときに、行っている先生方も多いのではないでしょうか。しかし、ある程度の期間を共に過ごした3学期の1月という自立して行動できるようになってきている時期に、もう一度「きく」について考え直すことも大切なのかもしれません。その姿こそが、よりよい私たちに向かっていくのだと私は考えています。

人の思いが伝統をつくることを伝える

園田兵助とかごしま黒豚

素材 「かごしま黒豚の父　園田兵助」（鹿児島県教育委員会）

ポイント 同じクラスでの活動も最終盤。そんな私たちが、クラスのために活動をしているかどうかを確かめるようにすべく、園田兵助という鹿児島県のお医者さんに焦点を当てます。

みなさんは、お肉をよく食べますか？

提示≫ 黒豚のイラストまたは写真。

　この豚肉はどこで育てられたものでしょうか？

　そうですね。鹿児島県ですね。かごしま黒豚が有名です。

　なぜ、鹿児島県では黒豚が有名なのでしょうか？ 指名≫

　実は、この人が大きく影響しています。

提示≫ 園田兵助の銅像の写真

この人はどんな人だと思いますか？ 指名≫

〈文章資料（「かごしま黒豚の父　園田兵助」）を読みながら語る〉

「兵助は獣医師の免許を持っていて、獣医を開業しました」

　そう、兵助はお医者さんだったのです。なぜ、お医者さんが黒豚なのでしょう？

「昔の鹿児島県の枕崎市は、耕地が狭い上、毎年台風に襲われる、自然環境の厳しい地域でした。農業でも漁業でも厳しい生活を強いられている枕崎の人々の生

活を何とか向上させたいと考え、『枕崎に適した良い産業はないものか』といつも頭を悩ませていました。 そこで兵助は、養豚で人々の生活を安定させられないかと考えるようになりました。台風の被害を受けにくいサツマイモと、枕崎では手軽に手に入る魚類が、豚の飼料として活用できると考えたのです。

　そして、兵助が飼育を勧めたのは、枕崎の豚ではなく、イギリスで最上ランクの黒豚でした。養豚をするならば、最高の豚にしなければ新しい産業としての価値がないと考えたのです。これが後に鹿児島県全体に広がり、黒豚は全国に誇る鹿児島県の特産品となったのです」

　お話を聞いて、どう思いましたか?
　枕崎市の、鹿児島県の人たちのために行動したのが、兵助でした。その思いが、かごしま黒豚という特産品をつくったのですね。

　さあ、みなさんはどうでしょうか? このクラスでの生活も残り少なくなりました。ぜひ、みなさんも私たちのために行動することで、もっとより良いものをつくっていけるのかもしれませんね。

このお話に込めた「とっておきの話クリエイター」としてのこだわり

　誰かのため、みんなのためとなると、自己犠牲の念が強くなり、「あの人だからできたんでしょ?」や「いいお話ですね」で終わる場合が多くなりがちです。しかし、より良いものを生み出すためには、自分一人の視点だけでは到達できないことが多いものです。みんなのためならば、そこに賛同する人が出てきて、私の行動が自然と私たちにつながっていくからです。5年生の社会科の学習でも畜産はそんなに触れることはないでしょうが、子どもたちにも身近な黒豚から先人の活躍につながる「語り」をしてみても面白いかもしれません。

89

別れの意味を改めて考える

さようならは悲しい言葉?

[素材] 鎌倉女子大学の「学園だより」巻頭言

[ポイント] 1年間ともに過ごしたクラスの最後の日。その朝にどんな話をするでしょうか。最後にともに言うであろう、「さようなら」の意味を考えることを通して、その日をどう終えたいかを考えることができます。

[板書]》「さようなら」

みなさんは、「さようなら」という言葉にどんなイメージを持っていますか?[指名]》

この言葉を聞くと、別れを感じ、悲しいというイメージを持つ人が多いようです。あえて「さようなら」を言わないという人もいるくらいですね。

では、「さようなら」とは、漢字でどう書くでしょうか? [指名]》
[板書]》「さようなら」の横に「左様なら」と縦に書く

このように書きます。そして、もう一つ下に文字が入ります。何だと思いますか?

[板書]》ヒントで「ら」と間をあけて、読点を書く(状況に合わせて「ば」を書く)

もともとは、「左様ならば」と言っていたそうです。ですから、前後に言葉が入る、つなぎの言葉であることがわかりますね。

ちなみに、英語の「グッドバイ」。これは、神様に向けてご加護を願うものです。中国語の「再会」は文字の通り、また会うことを願うものですね。では、「さようなら」は……。[指名]》

みなさんは、１年間このクラスで良いことも悪いことも様々なことがあったと思います。そして、そのおかげで大きく成長できたことと思います。そんなことを思い出し、しっかりと振り返り、（「左様ならば」を指しながら）「そうであるならば」この先もきっと大丈夫だよ、という力強い決意をお互いに示す、世界にどこにもない言葉であると言えそうです。

　ですから、今日の最後にはいつものように「さようなら」とみんなで言ってこのクラスを解散にしたいと思っています。

　今日は、このクラスでの最後の一日となりました。みなさんはどのように過ごし、「さようなら」を言いたいですか？ 素敵な一日となるように、今日も楽しく過ごしていきましょう。

このお話に込めた「とっておきの話クリエイター」としてのこだわり

　「別れ」という言葉には、さみしさが募ります。しかし、東京・築地本願寺では、「出会いは人を豊かにし、別れは人を確かにする」という言葉が残されています。まさに、人は別れを通して成熟していく生き物だと言えます。そんな人間を表す言葉にぴったりなのが、「左様なら」。仲間へのお互いのエールをこれまでのクラスの思い出に乗せて発する言葉と言えそうです。そうであるならば、このようにあえて「左様なら」でクラスを締めるのはいかがでしょうか。

萩原先生の「とっておきの話」から
見つけられる"とっておき"

　萩原先生は、10年以上同じ勤務校で社会科の教科担任を務められました。教材研究のためなら、現地へ赴く時間も労力も惜しまない、自ら足を運んで学び続ける先生です。今回は、校長先生や教育委員会などからの配信を素材にしたお話が多くありました。寄稿されてきた雑誌や本からも、「自ら考え、自ら学び、自ら行動する」を体現されている方であるとわかります。そんな萩原先生の「とっておきの話」には、次の3点において"とっておき"を見つけられます。

　1つ目は、社会科の視点で集められた価値を揺さぶる素材です。5月『母の日とカーネーション』は「母の日」誕生の歴史的由来、6月『早く食べられる人を採用します』は社会人の採用基準を素材にしています。また、9月『北口榛花選手の強さ』はオリンピック、12月『いただきますとご馳走様』は食品価格高騰のニュースといった時事的な素材を扱っています。11月『課外活動は何のため?』は課外活動を素材にしており、まさに社会科であると言えます。

　2つ目は、言葉のそもそもの意味を問う語りが多い点です。4月『「はい」に込められた意味』では、基本的な生活習慣である返事の言葉の意味を問う語りをされています。10月『親しき仲にも礼儀あり』は、ことわざの言葉の意味を問うことで、言葉遣いの大切さを伝えています。3月『さようならは悲しい言葉?』は言葉のそもそもの意味を問う語りの集大成と言えるでしょう。

　3つ目は、「私」から「私たち」へのつながりがある点です。7月『7月19日』は「私」のしなやかな生き方をテーマにしています。一方、1月『超一流の人の特徴』は「私たち」で「きく」、2月『園田兵助とかごしま黒豚』は「私たち」のために「行動する」をテーマとしており、「私」から「私たち」へのつながりを生み出しています。

　在り方や生き方について問い続けてきた萩原先生だからこその、「左様ならば、社会科の視点でもっと子どもたちと一緒に考えたい!」と思える「とっておきの話」でした。

第9章
岩月先生の『とっておきの話』
1年の軌跡

岩月駿人。愛知県公立学校教諭。1991年愛知県生まれ。スクールタクト認定ゴールドマスター、Microsoft認定教育イノベーター。

若手時代に学級経営で悩んだ際、当時の先輩から「語り」の重要性を学ぶ。以来、「語ること」を学級経営の中心に据えている。日々の語りを通じて子どもたちの心を育て、自己肯定感を高めることに情熱を注いでいる。

インプレス教育ICT書籍編集チーム『実践例＆導入事例でわかる 明日からの教室のつくりかた スクールタクトで始めるICT活用』に実践提供。『教育新聞』で「生成AIで校務をラクに一から始める簡単時短術」を連載。『教室ツーウェイNEXT 20号』（学芸みらい社）に寄稿。著書に『子どもの力とAIで1.5馬力学級経営』（学陽書房）がある。

私と『とっておきの話』 〜岩月先生の語り観〜

私にとって『とっておきの話』は、子どもの心を育てる重要な学級経営の柱です。普段の授業や学級経営では、なかなか子どもの心を育てることは簡単ではありません。だから、私は語りを通じて実現しようとしています。語りの力を知ったのは、2年目の頃に組んだ学年主任の先生のおかげです。その先生のクラスの子どもたちはとても生き生きとしていました。学習発表会では、発表後に子どもたちが感動の涙を流していました。どうしてそのような子どもたちになるのかと聞くと、返ってきた答えが「語りを大事にしている」ということでした。その主任の先生は、毎日のようにちょっとした話題から先生の信念まで、日々子どもたちに語りかけているとのことでした。その話を聞いて以来、「語る」ということが私の学級経営の柱となりました。

私の『とっておきの話』は、子どもたちが自分を好きになり、他者を尊重する姿勢を育むことを目指しています。本や自身の経験から得た教訓を基に、身近でためになる話題を選ぶようにしています。柔らかい雰囲気で語ることで、子どもたちの自己肯定感を高め、心に響く語りとなるように意識しています。

私が学級経営で大切にしていること　〜線で語る視点から〜

　学級経営で私が最も大切にしていることは、子どもたちの心に寄り添う語りをすることです。私が特に重視しているのは、次の2点です。

　1つ目は、子どもたちの自己肯定感を高めることです。年間を通して子どもたちのよさを見つけ、認め、褒めています。また、友達同士で相手の良いところを伝え合う活動も設けています。これにより、「自分が自分でいいんだ」という気持ちを育てていきます。

　2つ目は、子どもたち同士が互いを尊重できる関係づくりです。「相手の意見を聞くことは、相手を大事にすること」と語り続け、互いを尊重し合える関係性を築いていきます。

　これらの目標に向けて、1年間の流れに沿って様々な『とっておきの話』を子どもたちに語りかけています。大きな柱は2つ。子どもが自分のことを好きになる語りと、互いを尊重し合える語りです。そのほかに、行事や読書などを通して、時期によっては自分が大切にしている価値観も伝えるようにします。こうして時期に合わせた「語り」をすることで、子どもたちの心を育て、クラスの絆を深めていきます。

私の『とっておきの話』　1年の軌跡

4月の話	『このクラスは君たちのクラスだ』	p.222
5月の話	『相手の意見を聞くことは、相手を大事にすること』	p.224
6月の話	『真似することは、学ぶこと』	p.226
7月の話	『比べるのは前の自分』	p.228
9月の話	『思いやりの瞬発力』	p.230
10月の話	『読書の秋は、本で冒険しよう』	p.232
11月の話	『失敗を乗り越えよう』	p.234
12月の話	『違いが力になる』	p.236
1月の話	『世界は誰かの仕事でできている』	p.238
2月の話	『持っているものに目を向けよう』	p.240
3月の話	『人は長所で尊敬され、短所で愛される』	p.242

90

子どもの主体性を引き出す

4月

このクラスは君たちのクラスだ

素材 オリジナル

ポイント 「子ども主体のクラスにしたい」。そう願う先生は多いのではないでしょうか。この語りは、4月の学級開きで子どもたちに伝えるものです。学級のスタートで「先生は学級経営の主導権を君たちに譲るつもりなんだよ」と伝えることで、こちらの理想とするクラス像を伝えるとともに、子どもたちの意欲を引き出すことができると考えています。

さて、今日からこの〇年〇組がスタートします。
はじめに、みんなに伝えたいことがあります。

板書》》「このクラスはみんなのクラス」
それは、「このクラスはみんなのクラス」だということです。
みんなは担任発表のときに、「〇〇先生のクラスだ！」と思ったかもしれません。

だけど、それは半分合っていて、半分間違っています。

確かに担任は〇〇先生です。
私は、みんなが年度末に「このクラスでよかった」と思えるような手助けをしていきます。

でも、このクラスを形づくっていくのは、先生ではなく、みんなです。

例えば、クラスでは全員が不自由なく暮らしていくために、いろんな決め事や当番活動などがあります。
これを先生が決めて、みんなに押しつけるのは簡単です。

でも、先生はこれをみんなで話し合って、みんなが納得できる形にしていきたいなと思います。

だから、これから生活していく上で「これってこうした方がいいんじゃないかな」って思うときがあったら、ぜひ進んで行動してください。

先生は、それを全力で応援します。

このお話に込めた「とっておきの話クリエイター」としてのこだわり

「このクラスは君たちのクラスだ」という宣言は、学級経営の主導権を子どもたちに委ねる意味があります。これは、子どもたちに「自分はクラスの一員であり、クラスをよくする責任がある」という意識を持たせるためです。

僕は長年の教師生活で、子どもたちには「先生についていけばいい」というフォロワー思考が根付いていると感じました。これは、教師が自分の力だけで学級を運営しようとする姿が一因ではないでしょうか。

教師が「よいクラスにしたい」と頑張るほど、子どもたちの主体的な考えや行動の機会を奪ってしまう面もあります。だからこそ、学級開きで「主導権は君たちにある」と宣言し、子どもにメンバーとしての自覚を持たせる。そして教師はサポートに回る。この姿こそ理想なのだと思います。

91

友達の意見を聞こうとする姿勢を育てる

相手の意見を聞くことは、相手を大事にすること

5月

素材 オリジナル

ポイント 「友達の意見を聞きましょう」と子どもたちに伝えても、それは一方的な押し付けにしかなりません。この語りでは、子ども自身に話を聞いてもらえる嬉しさや聞いてもらえない悲しさを実感させ、「友達の意見を聞くこと」の意味づけをしています。友達の意見を受け止められるクラスにするための語りです。

提示 》》①と②のイラスト

①授業で子どもが発言のために立っているが、まわりの子は背中を向けたり近くの子と談笑している。

②授業で子どもが発言のために立っていて、まわりの子は体や顔をその子の方へ向けて聞こうとしている。

　この2つのイラストは、どう違うでしょうか？ 指名 》》

　そうですね。友達が発言をしようとしているときに、聞こうとしているかそうでないかという違いがあります。

　みなさんは、自分が頑張って勇気を出して席を立ち、クラス全員に自分の思いを伝えようとしているときに、相手が聞こうとしてくれなかったらどう思うでしょうか。試してみましょう。

活動 》》隣の子とペアになり、自己紹介をする。ペアの子は、はじめは背中を向けて聞こうとしない。次は、体と顔を向けて「うんうん」と相槌を打って聞く。

　さて、はじめ自分が一生懸命話しているときに聞いてもらえなかったとき、みなさんはどんな気持ちでしたか？ 指名 》》

［予想される子どもの意見］
「悲しかった」「さみしかった」「1人ぼっちな気がした」

　そうですよね。では、体と顔を向けて聞こうとしてくれていたとき、みなさんはどんな気持ちでしたか？
［予想される子どもの意見］
「うれしかった」「話を聞いてくれている感じがした」「安心した」

　人は話をするとき、相手がそれを聞こうとしてくれているかどうかはすぐにわかるものです。
　相手の意見を聞くことは、相手を大事にすることなんですね。

板書》》「相手の意見を聞くことは、相手を大事にすること」

　人が一生懸命に話すときには、自分も相手を大事にして一生懸命に聞く。
　みんなでそんなクラスにしていきましょう。

このお話に込めた「とっておきの話クリエイター」としてのこだわり

　私は学級経営や授業をする上で、「子どもたちがお互いを尊重して大切にできるようになること」を何よりも重視しています。その中でも、最も基礎的で重要なことの一つが、友達の意見を一生懸命に聞こうとする姿勢だと考えています。

　子どもたちが意見を発言するときは多くの場合、緊張感を持ちながら、自分の頭をフル回転させ、自分の考えを一生懸命に言葉にしています。だからこそ、聞く側の子たちも一生懸命に意見を聞こうとすることで、その子を大切にしてほしいのです。

　よく「意見を聞くときは体をその子の方に向けましょう」という指示を耳にします。もちろん、それも大切なことです。しかし、まずはその子の意見を真剣に聞こうとする心を育むことが必要だと考えています。

　こうした語りを年度始めの時期にすることで、毎日の授業を通して友達を大切にする雰囲気をクラスでつくっていきます。

92

友達の意見を取り入れることを勧める

真似することは、学ぶこと

6月

素材 オリジナル

ポイント この語りは「真似をすること」の価値を伝えることで、子どもが友達の良さを認め、自身に取り入れようとする姿勢を育てることを目指しています。真似することを価値づけることで、互いの良さを認め合えるクラスになっていきます。

板書 》》「人の真似をすること」

　みんなは、「人の真似をすること」についてどんなイメージがありますか？

　自分の考えをノートに一言で書いてみましょう。

演出 》》**子どもたちのノートを見てまわる**

　もしかしたら、人の真似をすることは「ずるいこと」「恥ずかしいこと」だと思っている人もいるのかもしれませんね。

　その気持ち、とってもよくわかります。

　先生も子どものときは、人の真似をすることが悪いことのように思っていました。

　でも実は、人の真似をすることは自分の成長につながります。

板書 》》「真似する＝学ぶ」

　例えば、みんなは今、当たり前に人と会話をすることができます。

　それは、みんなが生まれてから、お家の人や友達が話している言葉や話し方を真似して使っていき、自然に学んでいったからなのです。

　スポーツでも、上手な人のやり方を真似して練習しているうちに、いつの間にか自分のものになっていったりします。

このように、人はいろいろなことを真似することで学んで成長しているのです。だから、授業で「いいな」と思う友達の考えがあったら、それを真似させてもらって取り入れていきましょう。

　ただし、真似するときには、友達に一言「その考え、いいね。真似してもいい？」と伝えましょうね。

　相手も「私の考え、いいって思ってくれたんだ！」って嬉しくなります。

　真似することは、学ぶことです。
　みんながそれぞれの良さを取り入れ合って、より良く成長していきましょう。

このお話に込めた「とっておきの話クリエイター」としてのこだわり

　このお話で私が大切にしているポイントは2つあります。

　1つ目は、子どもたちに「真似をしてもいいんだ」と伝えることです。人は真似することで学び、成長していくものだと、私は考えています。しかし、多くの子たちは「人の真似をすることは悪いことだ」と感じているようです。そこで、そんなことはないと伝え、子どもたちをより伸ばしていきたいと思っています。真似することは、他人の良いところを学び取り、それを自分の力に変える大切なステップなのです。

　2つ目は、「真似をする際には相手の許可を得よう」と伝えることです。真似をすること自体は悪いことではありませんが、無断で自分のアイデアを盗られたと感じると、真似された側は面白くありません。大人の世界でも、しばしば盗作という問題になることがあります。そこで、真似したいときには必ず相手の許可を得るように伝えます。私の学級では、「その考え、いいね。真似してもいい？」と聞かれると、聞かれた側は自分の考えが認められ、褒められたように感じてうれしくなっている様子がよく見られます。そこでさらに、「『真似してもいい？』って聞いた方はナイスだし、聞かれた子はきっと真似したくなるような素敵なアイデアだったんだね。すごいね」と教師が価値付けてあげるとよいです。そうすると、真似された方もいい気持ちになりますし、教室が前向きな雰囲気で満たされます。

93

自己の成長に目を向けさせる

比べるのは前の自分

素材 オリジナル

ポイント 子どもたちの自己肯定感を育み、健全な成長を促したい。これは私が常に抱いている願いです。他人との比較ではなく、自分自身の成長に目を向けることの大切さを伝えるのは難しいですが、「比べるのは前の自分」というフレーズや、漢字学習という身近な例を用いることで、子どもたちの心に響くメッセージとなります。自己成長を喜び、自信を持って前に進む力を育むことが、このお話のねらいです。

7月

提示 》》イラスト「落ち込んでいる子ども」

　みんなは、テストの点数で友達と自分を比べたことがありますか？
　自分よりも友達の点数が高いと、「自分はダメだな」と思ってしまうことがあるかもしれません。でも、今日はその考え方を少し変えてみましょう。

　例えば、漢字の学習について考えてみましょう。
　最初に漢字の学習を始めたとき、もしかしたら難しくてなかなか書けなかった漢字があったかもしれません。でも、毎日少しずつ練習を続けることで、今ではその漢字がすらすらと書けるようになりました。

　もしあなたが前回、漢字が8個しか書けなかったとして、今回10個漢字が書けたなら、あなたは新たに2個漢字を書けるようになったということになります。

提示 ≫ イラスト「喜んでいる子ども」（先ほどのイラストから矢印を引く）

　もし友達がそれよりも多く書いていたとして、あなたの成長はなかったことになるでしょうか？　そんなことはないですよね。

板書 ≫ 「比べるのは前の自分」

　人というのは、他人の良いところばかりが目について、自分のことは見えづらいものです。
　でも、あなたも確かに成長しているのです。
　他人ではなく、前の自分と比べましょう。そして、自分の成長を楽しんで、これからも過ごしていきましょう。

このお話に込めた「とっておきの話クリエイター」としてのこだわり

　このお話への最大のこだわりは、子どもたち一人一人の自己肯定感を高めることです。教師をしていて、子どもたちは他人との比較に囚われがちで、それが自信の低下につながっていると感じます。特に子どもがテストの点数をまわりと比べることなどは、その典型例です。
　そこで私は、「比べるのは前の自分」という言葉を通じて、子どもたちの視点を変えようとしています。過去の自分と現在の自分を比べることで、自身の成長や進歩に気づいてほしいのです。
　このお話を通して、子どもたちには自分の成長を喜び、自信を持ち、そして日々の努力を大切にする姿勢を身につけてほしいと考えています。この考え方が、学校生活だけでなく、将来の人生においても大きな支えになると信じています。

94

思いやりのある行動を価値付ける

思いやりの瞬発力

素材 オリジナル

ポイント 困っている子を見かけたときに、パッと駆けつける行動を「思いやりの瞬発力」というキーワードで価値付け、思いやりの行動で溢れる学級にする語りです。

今日は、みんなに一つの言葉を紹介します。

板書》「思いやりの瞬発力」

瞬発力とは、パッと動く力のことを言います。

このクラスには、「思いやりの瞬発力」を持つ子がたくさんいます。

〇〇さんは、近くの子が給食をこぼしてしまったのを見かけると、さっと駆けつけて片付けを手伝っていました。

〇〇さんは、前を歩いている子が落としてしまった鉛筆に気づくと、さっと拾い上げ、近くの子に「これあなたの？」と聞いていました。

このように、パッと思いやりを持った行動をとれる力を「思いやりの瞬発力」と言います。

　今、紹介したこの2人には「思いやりの瞬発力」があるのですね。

　困っている子を見かけたときに、見て見ぬフリをすることだってできます。
　鉛筆が落ちているのに気づかないフリをして素通りすることもできます。
　けれど2人は、「思いやりの瞬発力」で近くの子を助けていました。
　この2人が教室にいてくれることを、先生はとってもうれしく思います。

　みんなも「思いやりの瞬発力」が自分にあるかどうか、意識をしてみてください。
　きっと毎日がもっと素敵になりますよ。

このお話に込めた「とっておきの話クリエイター」としてのこだわり

　私は、子どもたちが他人のことを思いやり、助け合うことができるようになることを心から願っています。「思いやり」というと少し大げさに聞こえるかもしれませんが、学級の様子をよく観察すると、子どもたちの思いやりの行動は日常的に見られます。

　例えば、この話に登場した子のように、誰かが何かを落としてしまったときにすぐに駆けつけて拾ってあげる子がいます。学級経営で大事なのは、そういった子たちに教師がスポットライトを当て、その行動を価値付けることだと思います。

　この話を通して、クラス全体が前向きな雰囲気に包まれ、互いに助け合って心温まる環境を築くことができると信じています。

95

読書の魅力を伝える

読書の秋は、本で冒険しよう

素材 オリジナル

ポイント 秋の時期にある読書週間でのおすすめの語りです。「読書の秋」という言葉から読書の魅力を伝え、子どもたちの読書への意欲を高めます。

最近は涼しくなってきて、もうすっかり秋になりましたね。

涼しい秋は読書をするのにぴったりだということで、「読書の秋」と言われます。

板書≫「読書の秋」

みんなは、本を読むことは好きですか？

読書には、いろいろな良いことがあると言われています。

今日はその中でも、先生が特にいいなと思っていることを紹介しますね。

突然ですが、もしタイムスリップができるとしたら、いつ、どこに行きたいですか？

少し考えてみてください。指名≫

面白い答えがたくさん出ましたね。

実は、時間旅行を可能にする方法があるんです。

それが、本を読むことです。

本を開くと、まるで不思議なタイムマシンに乗り込んだみたいに、いろいろな時代や場所に行くことができます。

歴史の本を読めば、例えば平安時代にタイムスリップして、紅葉狩りを楽しむ貴族たちの様子を知ることができます。

SF小説を読めば、未来を体験できます。車も空を飛んでいるかもしれませんね。

10月

それに、本を読むと、普段は行けないような場所の様子も知ることができます。

しかも、本での冒険には素晴らしい特徴があります。

それは、何度でも好きなときに冒険ができることです。

図書館や学級文庫には、みんなを様々な時代や場所に連れて行ってくれる本がたくさんあります。

この読書週間を活用して、本という素敵なタイムマシンで、冒険を楽しんでみませんか？

きっと、驚きと発見がいっぱいの素晴らしい冒険が待っていますよ。

このお話に込めた「とっておきの話クリエイター」としてのこだわり

「若者の読書離れ」という言葉がよく聞かれます。私の体感として、読書よりも動画サイトやアプリなどに親しむ子の方が圧倒的に多い気もします。

しかし、読書は子どもの思考力を鍛え、想像力を膨らませる上で唯一無二に近い素晴らしいものだと考えています。だからこそ、子どもたちには読書の魅力を知ってもらい、読書に親しんでもらいたいと思います。

秋になると、読書週間を推進する学校も多いのではないでしょうか。「読書の秋」をキーワードにした話を通して、子どもたちに読書の楽しさを感じてもらいたいと願っています。

96

失敗を前向きに捉えることを伝える

失敗を乗り越えよう

[素材] セールスフォースジャパンのCM「次の世界へ。失敗の数だけ、成長できる。」

[ポイント] 運動会や長縄など、クラス全員で目標に向かって何かに取り組む際、壁に当たってなかなか思うようにいかないときがあります。その際に、子どもたちに現状を前向きに捉え、次へと目を向けさせる語りです。

[提示] 》大谷選手のグローブをはめる子どもたちの写真

アメリカで大活躍の大谷翔平選手。彼の活躍を聞かない日はないほどです。

2023年には、全国の小学校にグローブを寄付したことで覚えている子も多いのではないでしょうか。

[提示] 》大谷選手の記録

・MLB史上初めてシーズン10勝以上、30本塁打以上
・MLB史上初めてシーズン中に1試合8打点以上、13奪三振以上を記録

ご覧のように大谷選手は、数々の記録を打ち立てています。

大谷選手のような伝説的な選手を次に見られるのには、100年以上かかるだろうと言われています。

そんな大谷選手、果たしてここまで成功ばかりだったのでしょうか。

そんなことはありません。このCMを見てみましょう。

[提示] 》CMの映像

僕は、これまでに三振した数は「928」で、打たれたヒットの数は「647」で、ホームランは「59」本打たれ、失点数は全部で「281」、チャンスで「506」回凡退して、二刀流が無理だと言われたことは数え切れない。でも、二刀流が無理だと思ったことは一度もない。

11
月

人知れず大谷選手もたくさんたくさん失敗をして、悔しい思いをして、それでも挑戦を続けて今があるのですね。

　さて、大谷選手はあるインタビューで次のように語っています。

板書》「成功するとか失敗するとか関係ない。
　　それをやってみることの方が大事。」

　もし大谷選手が失敗してどこかで諦めたら、今の記録はあったでしょうか？

　みんなも、もしかしたら今、うまくいっていないかもしれません。
　でも、それは成功する道の途中なのです。

　諦めるか、挑戦を続けるか、みんなはどうしますか？

このお話に込めた「とっておきの話クリエイター」としてのこだわり

　秋になると、運動会など体を動かす行事がある学校も多いのではないでしょうか。その中で、クラスで目標を立てて練習をするといった場面もあるかと思います。本番まで順調にいけばいいのですが、必ずどこかで記録が伸び悩んだり、トラブルが発生したりといったことはつきものです。そんなときこそ、教師としての腕が問われます。
　この語りでは、子どもたちにも馴染みのある大谷翔平選手のエピソードを取り上げています。ここでは、偉業や記録の達成ばかりが取り上げられがちな大谷選手の失敗にあえて目を向けることで、失敗を乗り越えることの価値を子どもたちに伝えています。

97

コンプレックスを武器に変える

違いが力になる

素材 三菱地所のCM「僕にしかできないこと」

ポイント 子どもの自己肯定感が低いという話は、昔からよく聞かれる話です。まわりとの違いを見て、自分を卑下してしまう子どもは少なくありません。その違いこそが、自分を輝かせるものになるということを伝える語りです。

みんなは、「自分のこんなところを変えたいな」って思うところはありますか？
あればノートに書いてください。後で聞いたりしないので安心してくださいね。

演出》》子どもたちのノートを見てまわる

ここで、ある動画を紹介します。
この動画では、大介君と小次郎君という2人が登場します。
2人は体格も力も違うんだけど、お互いがお互いのことを「羨ましい」と思っていました。
さて、この2人はどうなるでしょうか。観てみましょう。

動画》》「僕にしかできないこと」（1分程度）視聴
※動画のあらすじ
「体格は大きいが足が遅い」大介と「足は速いが背が低い」小次郎は、互いの長所を羨ましく思っていた。子どもの頃から努力を続け、2人は同じ高校でラグビー部に入ると、それぞれのコンプレックスに直面する。しかし、ラグビーの中で自分たちの短所こそが長所であることに気づき、チームへの貢献と自己受容の大切さを学んでいく。

動画を観た感想について、隣同士で聴き合ってみましょう。

活動》》感想を話し合う
ここで、みんなに伝えたいことがあります。

12月

板書 》》「違いが力になる」

　大介君は、自分の足が速くないことを受け入れたとき、ラグビーで活躍ができました。小次郎君は、背が低いことを受け入れて、それをプレーに生かす道を見つけました。

　みんな、ノートをもう一度見てみましょう。**演出** 》》**自分のノートを見直す時間をとる**

　他の人との「違い」、それを今、君は変えたいと思っているかもしれない。

　けれど、それは未来でみんなを輝かせる武器になるかもしれません。

　だから、自分の違いを恐れず、受け入れてみましょう。

　あなたの「違い」は、きっと力になります。

このお話に込めた「とっておきの話クリエイター」としてのこだわり

　この語りでは、「僕にしかできないこと」というCMを使います。このCMでは、自分にはないものを追い求めて挫折した主人公が、自分が欠点だと思っていたところを長所として生かすことで活躍する姿が描かれています。

　子どもたちには、自分自身を好きになってもらいたいと願っています。そのために、この語りを通して、自分が欠点だと思っていることが実は長所にもなり得るというメッセージを伝えたいと思っています。

98

周囲に感謝の心を持たせる語り

世界は誰かの仕事でできている

[素材] ジョージアのキャッチコピー 「世界は誰かの仕事でできている」

[ポイント] 子どもたちが毎日不自由な思いをせずに生活できているのは、窓当番や電気当番、配達当番などの当番活動を一人ひとりがしっかりと行っているからです。この語りでは、自分の生活がクラスの仲間によって支えられているということを、キャッチコピーを使って考えます。

[板書]》》 「世界は誰かの仕事でできている」
「世界は誰かの仕事でできている」というキャッチコピーがあります。
（必要に応じてキャッチコピーの意味を説明する）

さて、この「世界は誰かの仕事でできている」とはどういう意味でしょうか？
予想して、近くの人と話し合ってみましょう。 **[予想]》》** 予想したことを話し合う

予想したことを発表しましょう。 **[指名]》》** （どの発言も受け止める）
みんな、素敵な予想ですね。

ところで、みんなが今着ている服を見てください。
　一枚の布が今着ている服になるまでに、一体何人の人が関わっているかわかりますか？
　生地の材料を栽培する人や生地を作る人、デザインする人、布を服にする人、お店に運ぶ人、お店で並べる人などがいますね。
　実はあなたが着ている服には、何十人もの人が関わっています。

　他にも、みんなが普段使っている物は、ほぼすべてが誰かによって作られたものです。

提示 ≫ 机、椅子、文房具、衣服、ランドセルなどのイラスト

このように、みんなの日常も誰かの仕事によって支えられています。

では、さらに違った見方をしてみましょう。
今、みんなは電気のついた明るい教室で過ごしていますね。
この電気は誰がつけてくれたのでしょう?
そう、電気係の〇〇さんがつけてくれましたね。
窓は誰が開けてくれたかな? 給食は誰が配膳してくれたかな?

みんなが、今こうして楽しく当たり前のように過ごせているのも、それは誰かが仕事をしてくれているからなのですね。

あなたのおかげで、みんなは楽しく過ごせていて、
みんなのおかげで、あなたは楽しく過ごせているのです。

このお話に込めた「とっておきの話クリエイター」としてのこだわり

「世界は誰かの仕事でできている」を選んだ理由は、子どもたちに「自分の生活がクラスの仲間によって支えられている」という実感を持たせたかったからです。私は、子どもたちが互いを尊重し合えるクラスにしたいと考えています。そのためには、相互に感謝の心を持つことが重要だと考えています。この話を通して、子どもたちに自分の生活がクラスの仲間たちによって支えられていることに気づかせ、感謝の思いを持たせたいと考えています。

99

自分が持っているものに気づかせる

持っているものに目を向けよう

素材 小池龍之介『超訳ブッダの言葉エッセンシャル版』（ディスカヴァー・トゥエンティワン）

ポイント 自分が恵まれた環境にいることに気づき、感謝の気持ちを持つことで、子どもたちの生活はより充実したものになります。他人との比較ではなく、すでに自分が持っている幸福に目を向けさせる語りです。

今日は、みんなと同じ年齢の2人の子のお話をします。

この2人の子どもは双子でした。持っているおもちゃやゲームも一緒、着られる服や遊べるものも全く一緒でした。ところが、Aさんは自分が持っているものに満足して幸せに暮らしているのに対して、Bさんは「まだ足りない」「もっともっと欲しい」と自分の生活に不満があるようでした。

さて、AさんとBさんでは何が違うのでしょうか？ 指名》》

先生はこう思います。

Aさんは、自分が持っているものに目を向けて満足していて、一方のBさんは、自分が持っていない物に目を向けて不満に思っている、ということです。

みんなは、AさんとBさん、どちらに近いでしょうか？

ここで一つの言葉を紹介します。

板書》》「足るを知る」

「足るを知る」とは、今自分がすでに持っているものに目を向けて、幸せを感じることです。

2月

ブッダという人はこのことについて次のように語っています。

提示》》「君の手に与えられたものがたとえどんなにわずかでも、君がそこに幸せを見つけるなら、『足るを知る』満足感で心はきれいになっていく」「君が、君の手に与えられたものを見ず、他人が持っているものを『いいなあ。ほしいなあ』と羨ましがるなら、君の心はざわざわしたものになっていく」

さて、ここで「今、自分が持っているな」と思うものをノートに書き出してみましょう。演出》》子どもたちのノートを見てまわる

（状況によって、子どもの意見を次のように集約して板書する）
板書》》「友達」「家族」「仲間」「クラス」……
こうして見ると、みんなはすでにたくさんのものを持っていますね。
このクラスでみんなはたくさんのものに恵まれてきました。

このクラスで、この仲間と過ごすのも、残り1か月です。
自分が持っているものに目を向けて、幸せを感じて過ごしていきたいですね。

このお話に込めた「とっておきの話クリエイター」としてのこだわり

「隣の芝生は青く見える」ということわざのように、人は自分の持っているものは見えづらく、他人の持っているものがよく見えがちです。子どもたちの様子を見ていても、今ある環境のありがたさに気づくのは難しいと感じています。そこで、この語りを通して、子どもたちが自分の恵まれた環境に気づくだけでなく、自分が持っているものに感謝の気持ちを持てるようにしたいと考えています。

100

子どもの存在を肯定し、エールを送る

人は長所で尊敬され、短所で愛される

素材 本田晃一『はしゃぎながら夢をかなえる世界一簡単な法』（SBクリエイティブ）

ポイント 卒業や終業式の日、学級の最後の時間に子どもたちに語る内容をイメージしています。子どもたちに送るエールのようなものです。自分自身のことを好きになり、自分に誇りをもって成長していってほしい。そんな願いを伝える語りです。

ついにこの日がやってきました。
大好きなみんな、卒業おめでとう。
みんなと過ごした1年間、毎日がとても楽しかったです。

最後に、先生が大好きな言葉をみんなに紹介します。

板書 》「人は長所で尊敬され、短所で□される」

尊敬されるというのは、他人から「すごいなあ」と一目置かれることです。
　人には、一人ひとりそれぞれ得意なことがあり、それで他人から尊敬されるということですね。

　では、□には何が入るのでしょう。
　短所、つまり他人よりもうまくできないところで、あなたはどうされるのでしょうか。

　正解は…「愛される」です。

板書 》「人は長所で尊敬され、短所で愛される」

3月

人は誰しも凸凹があるものです。

得意なことがあれば、不得意なことも当然あります。

けれど、不得意なことがあるからこそ、まわりの人はあなたに話しかけやすかったり、親しみを持ったりするのです。

これからの長い人生、

みんなは壁にぶち当たって困ったり苦しんだり、

時には自分が嫌になってしまうこともあるでしょう。

自分の短所が目について、

「なんで自分はこうなんだろう」「自分のこんなところが嫌いだ」

そんなふうに思うときもあるかもしれません。

でも、その短所があなたをより魅力的なものにしてくれるのです。

どんなあなたも素敵です。

自分に自信を持って、挑戦を続けていってください。

また会える日を楽しみにしています。

このお話に込めた「とっておきの話クリエイター」としてのこだわり

このお話には、子どもたちが自分のことを好きになり、自信を持って成長してほしいという願いを込めています。「人は長所で尊敬され、短所で愛される」という言葉を通じて、得意なことも苦手なこともすべてが大切な一部であり、それぞれが魅力的であると伝えています。

1年間を一緒に過ごした大切な子どもたちに、困難に直面しても、自分を否定せず、自信を持って挑戦を続けてほしいというメッセージです。

岩月先生の「とっておきの話」から見つけられる"とっておき"

　岩月先生は、出身地や年齢、教員歴など、私と共通点の多い方です。中でも最大の共通点は、「語り」を学級経営の柱にしている点にあります。AI活用など、教育の最新情報を発信されてきた一方で、「語り」という古くから大切にされてきた実践も重要視されています。流行と不易の両方をつかみ続ける先生のご著書『子どもの力とAIで1.5馬力学級経営』（学陽書房）では、特に子どもの力を借りた学級経営本来の在り方について触れています。そんな岩月先生の「とっておきの話」には、次の3点において"とっておき"を見つけられます。

　1つ目は、集団が「自分たちのクラス」と思える語りをしている点です。4月『このクラスは君たちのクラスだ』では、学級開きの時期から子どもたちと一緒に学級経営をしようという強い信念を感じます。その後も子ども主体の学級経営が実現していくように、子ども同士の関係づくりにつながる話が続きます。5月『相手の意見を聞くことは、相手を大事にすること』6月『真似することは、学ぶこと』9月『思いやりの瞬発力』1月『世界は誰かの仕事でできている』では、関係づくりにおいて重要な「相手意識」が持てる話となっています。

　2つ目は、個が「自分のクラス」と思える語りをしている点です。12月『違いが力になる』2月『持っているものに目を向けよう』3月『人は長所で尊敬され、短所で愛される』では、自分自身の弱さに目を向け、考え方をポジティブなものへと転換できるような話をすることで、自己多様性の受容を図り、子どもたち一人ひとりの自己肯定感を高めようとされています。

　3つ目は、子どもが直面する困難に寄り添う姿勢です。7月『比べるのは前の自分』10月『読書の秋は、本で冒険しよう』11月『失敗を乗り越えよう』では、卑下や読書離れ、失敗による悩みといった困難に寄り添う話となっています。フォロワーの立場で支え続ける岩月先生の教師としての在り方を感じます。

　「子どもたち（集団）」や「子ども（個）」を主語に学級経営をされてきた岩月先生だからこその、目の前の子どもたちの心に寄り添い続ける「とっておきの話」でした。

終章

『とっておきの話』理論編
摂南大学助教　西村晃一

「とっておきの話」が子どもを救う

はじめに

　むかしむかしあるところに、「お話が上手な先生」と「お話が苦手な先生」がいた。「お話が上手な先生」のまわりには、常に目を輝かせる子どもの姿があった。その先生は生徒指導ひとつとっても、高圧的な指導は一切せず子どもとの対話を重視した。まさに、北風と太陽に例えると太陽のような先生である（以降、太陽先生）。いつも温かな眼差しで子どものよりよい成長を願い、それに応えるように子どもは健全に成長していく。なぜだろう。どうすれば厳しい言葉を投げかけなくても、子どもはすくすくと育つのだろう。当時中学校教員だった私は、その秘密を知りたかった。

　ある日、太陽先生の一日に密着した。すると、一日の始まりから学級運営のこだわる点が決定的に私と違った。それは「朝のHR活動」を重要視しているということだった。その日の予定を確認するだけでなく、昨日あった素敵な出来事や今日のニュース、先生の思いや感じたことなどを余すことなく伝えていた。「終礼活動」でも同様に、他のクラスが早々に終礼を終え、下校していたとしても、太陽先生は時間の許す限り子どもたちに思いを伝え続けていたのだ。目から鱗だった。

　実際にそのクラスは、担任に限らず、どの先生が話をしていても真剣に聴く。そして、いつも明るく元気で、授業や行事活動にも積極的に参加した。その影響からか、クラスの団結力は強く不登校生もいない。まわりが羨むくらい仲の良いクラスを、自分たちで創り上げていく。そして、太陽先生は、そうなることを見越していたように子どもたちを支えるのだ。

　現在、私は大学教員として生徒指導論などの講義を担当している。そして、学生には必ず「問題行動が起きてからどう対応するかという以上に、どうすれば起きないようになるのかという点を考えることが大切である」と伝えている。この度、小木曽先生とのご縁で執筆機会をいただいたが、本書『わたしたちのとっておきの話100』は、子どもの問題行動に悩む先生方にとって、解決の糸口になるのではないかと推察される。なぜなら本書は、実際に学校現場で活躍されている先生方の生きた教材が詰め込まれており、何より子ども目線だからである。

さて、ここでは説話の価値や必要性、結び付きについて先行研究や事例を交えながら解説していく。

学習指導要領から学ぶ説話

本書によると、「とっておきの話」は、たった5分ほどで話せる心に響く道徳的な説話であると紹介している。では、説話とは具体的に何を指すのか。

辞書では、「①口をきくこと。話すこと。ものがたること。また、その話。物語。②広く神話、伝説、昔話などの総称。」と記されている。ここで扱う説話とは、人々の間で語り伝えられた話と言えよう。また、昔話など過去の語りのみならず、今・現在起きている事象を吟味し、伝えることもまた説話であると解釈できるだろう。

では、説話は教育活動のどの分野に位置付けられ、今日まで根づいてきたのだろうか。過去をさかのぼると、昭和33年の学習指導要領で説話という文言が初めて登場し、国語の教科書を中心に説話教材が採録された。また、現在は学習指導要領解説（特別の教科：道徳編）にて、以下の内容が記載されている。

> 説話の工夫　P.85
> （前略）教師が自らを語ることによって児童との信頼関係が増すとともに、教師の人間性が表れる説話は、児童の心情に訴え、深い感銘を与えることができる。なお、児童への叱責、訓戒や行為、考え方の押し付けにならないよう注意する必要がある。

学校における道徳教育とは、「教育基本法及び学校教育法に定められた教育の根本精神に基づき、人間としての生き方を考え、主体的な判断の下に行動し、自立した人間として他者と共によりよく生きるための基盤となる道徳性を養うこと」を目標としている。つまり、説話を工夫して伝えることは、子どもたちの豊かな人間性を育むことにつながると考えられる。

ところで、各教科の学習指導案では、本時の展開の最後は「まとめ」であるのに対し、道徳科では「終末」と記載されている。詳しく述べると、各教科では本時の最後に、授業を振り返り知識・技能の定着を図るため、「まとめ」と表記されている。それに対し、道徳科では、道徳的価値を主体的に把握し、自分の意志で道徳的価値を獲得することを念頭に置いているため「終末」と表すのだ。ま

た、道徳科の学習指導案では、終末の段階で「教師の説話」という文言が散見されることから、説話は授業の締めくくりを考える上で最も重要な要素であり、画竜点睛となり得るだろう。

　さて、ここまで説話の意義や道徳科との関連について述べてきたが、何も説話は道徳科の授業だけに限定する必要はない。上述で登場した太陽先生のように、朝のHR活動や終礼活動など話す機会は多岐にわたる。加えて、教育相談や生徒指導など個別の対応でも援用可能である。ただし、本書の内容をそのまま伝えるだけでは子どもの心には届かない。あくまで本書はレシピが紹介されているだけで、調理するのは読者のみなさんである。自分自身の言葉で、自分自身の思いを伝えることが肝要だと言える。

理論と説話の結び付き

　2022年12月に「生徒指導提要」が全面改訂された。その中でも、今回の改訂では、発達支持的生徒指導の充実が掲げられている。発達支持的生徒指導とは、「特定の課題を意識することなく、全ての児童生徒を対象に、学校の教育目標の実現に向けて、教育課程内外の全ての教育活動において進められる生徒指導の基盤」である。つまり、子どもが自発的・主体的に自らを発達させていくために、教員がいかに支持する（支える）か、という視点がポイントである。ここでは、発達支持的生徒指導を充実させる上で重要な「発達を支える5つの側面」と「非認知能力」について、本書がどのように利活用できるのかを論考する。

① 発達を支える5つの側面と説話

　生徒指導提要改訂版によると、子どもたちの発達を、心理面（自信、自己肯定感等）・学習面（興味関心、学習意欲等）・社会面（人間関係、集団適応等）・進路面（進路意識、将来展望等）・健康面（生活習慣、メンタルヘルス等）の5つの側面から支持することを示している。本書に置き換えて考えてみると、集団や社会の一員として活躍したくなる「とっておきの話」を教示することで、公共の精神やよりよい学校生活・集団生活の充実など、集団や社会との関わりを深めることができ、社会面の発達を支持することにつながるだろう。また、自分自身を見つめ直したくなる「とっておきの話」では、個性の伸長や自律など、自分自身に関するキャリアプランを描くことにつながり、進路面の発達を支持できると言えよう。このように、学級の実態や子どもの特性を把握し、今必要な5つの側面に

即した「とっておきの話」を題材にすることで、子どもの成長に寄与できると考えられる。

② 非認知能力と説話

　非認知能力とは、測定できない個人の特性による能力を指し、OECD（経済協力開発機構）では非認知能力に値する力を「社会情動的スキル」と呼んでいる。社会情動的スキルが高い人は、計画性、自己コントロール、Grit（粘り強さ）などが備わっており、文部科学省が目指す「人生100年時代に複線化する生涯にわたって学び続ける学習者」の求められるスキルに合致する。そのため、教育書や先行研究でも、社会情動的スキルを高めるための実践事例が数多く報告されている。例えば、SST（ソーシャル・スキル・トレーニング）は、社会生活や対人関係を円滑に営んでいくために必要な技能を習得するものであり、小野寺・河村・武蔵・藤村（2004）は、ソーシャル・スキルが小学生の学級適応への援助に効果的であることを指摘している。

　その点を踏まえ、本書のP.3で示されている【つなぐ力】は、社会情動的スキルを高めるため一助となるのではないだろうか。「褒めて認める、価値付ける」「みんなで一緒に体験・調べ学習をしてみる」など他の媒体と関連させることで、自己肯定感を高めることやコミュニケーション能力を養うトレーニングに資すると言えよう。このように、SSTなどのスキルトレーニングを施さなくても、本書を活用した実践事例を積み上げることで、子どもたちの社会情動的スキルにポジティブな影響を与えるかもしれない。

┃ 終わりに

　本書の理論編を執筆するにあたり、小木曽先生のご著書『こどもの心に響くとっておきの話100』や『高学年担任の子どもの心をつかむとっておきの語り』（学陽書房）を時間の許す限り読み返した。そして、一つの答えにたどり着いた。それは、「子どもの幸せに寄り添う」である。

　人間は誰しも幸せになりたいと願う。でも、幸せの在り方は人それぞれ異なり、幸福に輪郭もない。では、幸せな人生とは一体どんな人生だろうか。そこで、3人の哲学者によって導き出された世界三大幸福論に触れる。

　一人目のアランは「楽観主義」。悲しみはいつか消えるから、心は常にポジティブに、過去や未来ではなく今を生きる重要性を唱えている。二人目のラッセ

ルは「知的好奇心」。己の関心を外部に向け、活動的に生きることを勧めている。そして最後、ヒルティは「信念」。何かを信じ行動することによって幸福はもたらされる。また、他人との比較ではなく自己との対話が重要であることを指摘している。さて、読者のみなさんにとって、どの考え方に共感するだろうか。甲乙つけがたく、いずれも幸福に必要不可欠な要素である。ただ平易な言葉に置き換えると、「ポジティブに（楽観主義）、心の赴くまま（知的好奇心）己の信じた道を進む（信念）」ことが幸福と呼べるのかもしれない。そして、小木曽先生のご著書はいずれも、「楽観主義」「知的好奇心」「信念」のエッセンスが凝縮されている。

　最後に、今後私たちの生きる世界は、ますます予測困難な時代へと突入する。昨今、デジタル技術の進歩や新型コロナウイルス感染症によるパンデミックの影響から、VUCA（先行きが不透明な）時代が叫ばれるようになった。VUCA時代とは、「Volatility（変動性）」「Uncertainty（不確実性）」「Complexity（複雑性）」「Ambiguity（曖昧性）」の4つの頭文字から構成されており、第4期教育振興基本計画でも取り上げられている。先行きが不透明だからこそ、目の前の子どもたちそれぞれが生きがいを感じるとともに、学校・家庭・地域が豊かさを感じられるものでありたい。本書が幸せの輪を広げるきっかけとなることを願い、筆を置く。

引用文献

・くろぺん（2023），こどもの心に響く　とっておきの話100，東洋館出版社
・くろぺん（2024），高学年担任の子どもの心をつかむとっておきの語り，学陽書房
・文部科学省（2017），小学校学習指導要領解説「特別の教科：道徳編」，あかつき教育図書.
・文部科学省（2022），生徒指導提要「改訂版」，東洋館出版社.
・文部科学省（2023），第4期教育振興基本計画〈https://www.mext.go.jp/content/20230928-mxt_soseisk02-100000597_07.pdf〉
・小野寺正己・河村茂雄・武蔵由佳・藤村一夫（2004），小学生の学級適応への援助の検討−ソーシャル・スキルの視点から−，カウンセリング研究，37，1-7.

おわりに
人は一人では成長できない

　新しい「とっておきの話」の世界はご堪能いただけましたでしょうか。実は読者のみなさんの前に、一足早く編著者の私自身が堪能しておりました。お互いの「とっておきの話」を読み合う営みは大きな学びへとつながります。また、理論的背景を学ぶことで、「とっておきの話」の研究軸を今後も伸ばしていけそうな予感がしました。本書の執筆を通し、改めて「とっておきの話」には無限大の可能性があると実感しました。

　「とっておきの話」は本来、他者と比べて優劣をつけるものではありません。「いい話」ではなく、その先生と学級の子どもたちにとっての「とっておきの話」なのですから。しかし、他者が創る「とっておきの話」には、自分の知らない唯一無二の個性を発見することができます。お互いの個性を発見し合うことで、自分が創る「とっておきの話」も、よりあなたにしか創ることができない「とっておきの話」へと昇華していくのです。「みんなちがって、みんないい」。だからこそ、人は人と関わることで、大きな学びを得られる。人は一人では成長できないのです。共同執筆者の方々のおかげで、私もまた一歩成長するきっかけとなりました。こうした良い刺激を与え合うことのできる仲間たちに出会えたことを誇りに思います。

　一方で、私は勤務校でも特別活動主任として「とっておきの話」の実践を広める活動をしております。同僚と一緒に「とっておきの話」の情報交換をしているのです。ここにもやはり個性光る唯一無二の「とっておきの話」が存在しています。あなたも職場で紹介してみてはいかがでしょうか。きっとあなたの「とっておきの話」の世界がより広がることになるでしょう。

　あなたの「とっておきの話」は、あなたが目の前にしている子どもたちが一番楽しみに待っていることを最後にお伝えして、おわりにとさせていただきます。

謝辞 〜本書出版に携わったすべての方へ感謝を〜

　拙著『こどもの心に響く　とっておきの話100』をたくさんの方々に読んでいただいたおかげで、その続編となる本書を出版することができました。中には職場で広めてくださった方もおり、大変励みになりました。

　本書は1章を小杉真悠子先生、2章を生井光治先生、3章を田島広大先生、4章を糟谷樹理先生、5章を大廣誠先生、6章を森桂作先生、7章を星﨑啓介先生、8章を萩原和晃先生、9章を岩月駿人先生、終章を西村晃一先生、そしてブックカバーや挿絵などの装丁をネコ先生 (@nekosensei0519) が担当してくださったことで実現した超大作です。それぞれ大変お忙しい中、本書の出版に向けてどの方も全力で携わってくださいました。このような方々とつながることができたご縁に深く感謝申し上げます。ありがとうございました。

　「いつか編著者として、信頼できる仲間たちと共に本を創り上げたい」

　そんな私の夢が叶ったのは、本の企画を温かく後押ししてくださった東洋館出版社編集部の畑中潤さんのおかげです。この度も大変お世話になりました。

　今回、共同執筆者に選ばれなかった方々の中にも、「この人とはまたのご縁でぜひ共に本を創り上げたい」と思える方が多くいました。本書がシリーズ化された暁には、また新たなご縁で「とっておきの話」本が世に送り出されることになるでしょう。もしかしたらこの本を読んでいるあなたも、共同執筆者に選ばれるかもしれません。その日が来ることを私も楽しみにしております。

　本書に掲載されている「とっておきの話」は、私自身も一読者として今後も職場で実践していきます。日々実践の試行錯誤ができるのは、いつも温かい職場があるからです。お互いを労い合える職場の同僚たちを誇りに思います。

　最後に、いつも私を支えてくれる、愛する家族に最大限の感謝を。育休明けで仕事復帰する妻や、入園してこども園生活を送る息子たちにエールを送り、謝辞とさせていただきます。明日からも、とっておきな毎日を！

　　　　　忙しなく、それでいて尊い春の日々の中で　小木曽弘尚（くろぺん）

【編著者紹介】

◎小木曽　弘尚 (おぎそ　ひろなお)

1990年愛知県生まれ。現在、愛知県内の公立小学校に勤務。教職10年目。2024年度から学年主任を務める。大学院時代から始めた「とっておきの話」づくりを10年以上続け、現場でも実践し続けている。特別活動主任として、「とっておきの話」実践の校内研修も行っている。Xには550話以上の原稿を公開中。著書に『こどもの心に響く とっておきの話100』『子どもと創るアレンジじゃんけん! とっておきの学級あそび』(東洋館出版社)、『高学年担任の子どもの心をつかむとっておきの語り』(学陽書房) がある。教育雑誌に寄稿経験あり。こども園に通う2児の父として、子育てと仕事に邁進。

【執筆者紹介】(執筆順)

① 小杉　真悠子 (富山県公立小学校教諭)
② 生井　光治　(東京都公立小学校主幹教諭)
③ 田島　広大　(群馬県公立小学校教諭)
④ 糟谷　樹理　(宮城県公立小学校教諭)
⑤ 大廣　誠　　(神奈川県公立小学校教諭)
⑥ 森　　桂作　(兵庫県公立小学校教諭)
⑦ 星﨑　啓介　(神奈川県公立小学校教諭)
⑧ 萩原　和晃　(国立学園小学校教諭)
⑨ 岩月　駿人　(愛知県公立小学校教諭)
⑩ 西村　晃一　(摂南大学助教)

カスタマーレビュー募集

本書をお読みになった感想を
下記サイトにお寄せください。
レビューいただいた方には特典がございます。

https://www.toyokan.co.jp/products/5708

LINE 公式アカウント

LINE 登録すると最新刊のご連絡を、さらに
サイトと連携されるとお得な情報を定期的に
ご案内しています。

こどもの心に響く　私たちのとっておきの話100

2025（令和7）年3月21日　初版第1刷発行

編著者　小木曽 弘尚（くろぺん）
発行者　錦織 圭之介
発行所　株式会社東洋館出版社
　　　　〒101-0054　東京都千代田区神田錦町2丁目9番1号
　　　　　　　　　　コンフォール安田ビル　2階
　　　　代　表　TEL：03-6778-4343　FAX：03-5281-8091
　　　　営業部　TEL：03-6778-7278　FAX：03-5281-8092
　　　　URL　https://www.toyokan.co.jp
装　丁　neko remi
印刷・製本　岩岡印刷株式会社

ISBN:978-4-491-05708-8　　Printed in Japan